뻔한 MZ 말고,
편한 MZ 되기

하나뿐인 내 삶의 당당한 주인공!

뻔한 MZ 말고, 편한 MZ 되기

초판 1쇄 인쇄 2023년 5월 29일
초판 1쇄 발행 2023년 6월 1일

지은이 장소희

발행인 백유미 조영석

발행처 (주)라온아시아
주소 서울특별시 서초구 효령로 34길 4, 프린스효령빌딩 5F

등록 2016년 7월 5일 제 2016-000141호
전화 070-7600-8230 **팩스** 070-4754-2473

값 17,000원
ISBN 979-11-6958-066-3 (03190)

FUN MZ

뻔한 MZ 말고,
편한 MZ 되기

하나뿐인 내 삶의 당당한 주인공!

장소희 지음

너의 삶은 직장에서 'Burnout'?
힘든 세상에서 인생의 'Fun' out?

삶은 재미없고 의욕은 반지하인 MZ를 다시 뜨겁게 달굴
열정만수르 MZ의 행복근육 벌크업 PT!

나만의 한정판
인생을 살아가는
MZ 갓생 노하우

RAON BOOK

프롤로그

이 세상에 하나뿐인 특별한 당신께

우리는 모두 태어나는 그 순간부터 '보통의 존재'를 넘어선 특별한 '리미티드 에디션'이다. 나라는 사람은 지구상에 80억 분의 1 확률로 존재하는, 유일무이한 하나뿐인 존재이다. 하지만 너무나 당연한 사실임에도 불구하고 이제껏 너무나 당연하게도 잊고 살아왔다. 뭐 하나 특별히 잘난 것 없이 돈도 빽도 고학력, 고스펙도 없다는 이유에서였다.

열일곱 살 때 스스로 2평짜리 고시원에 찾아 들어가 홀로 세상에 맞서고, 대학생 때는 지구 반대편 중남미 파나마로 날아가 다시 한번 세상에 홀로 부딪혔다. 대학교를 졸업하고 전공을 살려 취직한 첫 회사에서는 3년 6개월 동안 피, 땀, 눈물을 흘리며 혹독한 시간들을 보내다가 실적이 최고조를 찍고 승진한 순간, 사직서를 내고는 회사를 박차고 나왔다.

지금의 나는 가진 게 용기뿐이라고 하지만, 처음부터 그랬던 건 아니다. 고시원에서 지내던 고등학생 때는 혼자 식당에서 밥을 사 먹을 용기조차 없어 사흘을 내리 굶다 쓰러지기 직전까지 갔고, 괜한 눈치가 보여 공유주방 문턱을 밟지도 못하던 나였다. 어린 열일곱 살의 나는 굶어 죽지 않으려면 혼자서도 밥을 사 먹을 줄 아는 최소한의 용기가 필요하다는 걸 겪어보고서야 알았다. 대학생 때는 유럽 배낭여행 경비를 스스로 마련하기 위해 휴학을 했다. 부모님마저 다른 꿍꿍이가 있는 건 아닌지 걱정했지만, 순전히 돈을 모으기 위한 결정이었다.

유럽 여행을 가기 위해 1년을 휴학하고 돈을 벌어야만 할 정도로 가진 돈이 없던 평범한 대학생이었지만, 그 뒤로는 혼자 힘으로 13개국을 여행했다. 중남미 국가 파나마로 해외 인턴십 기회가 주어졌을 때마저도 한순간도 쉬운 일은 없었다. 잡(JOB) 인터뷰 당시 먼저 일방적으로 전화를 끊어버리기도 하고, 인턴십 기회가 눈앞에서 날아갈 위기에 처하기도 했지만, 없던 기회를 만들어내고 날아가는 기회는 어떻게든 잡아냈다. 너무나 평범한 한 사람으로서 어떻게든 눈앞의 상황을 개척하고, 두 손 두 발로 기회를 만들어내고, 맨땅에 헤딩하며 배워야만 했다.

그랬던 내가 지금은 나만의 '희소성'을 찾고 그 어떤 때보다 내 인생의 주인공이 되어 매순간 특별하고 행복한 인생으로 만들어 가고 있다. 만약 내가 이 세상에서 나만 특별하다고 생각했다면 이 책을 쓰지 않았을지도 모른다. 스스로 특별한 사람이라고 믿으면서 살아갔을 테니까 말이다. 하지만 이 세상에 특별하지 않은 사람은 없다. 누구든 자신의 인생을 특별한 한정판으로 만들 수 있다. 그러려면 내가 내 인생의 주인공이 되어 어떤 삶과 방향으로 나아갈지 방향키를 단단히 쥐어 잡아야 한다.

다른 사람이 가진 걸 내가 전부 가질 수는 없지만, 다른 사람에게서 없는 단 한 가지가 내게는 있다. 그거면 충분하다. 그것만으로도 천하무적이 될 수 있다. 스스로 보잘것없고 잘난 것 없다고 여길지 몰라도 반드시 강력한 무기 하나쯤은 가지고 있다. 그리고 그 무기는 어느 순간이든지 빛을 발하며 가치 있는 인생을 만들어 주고 행복한 삶을 살아갈 수 있게 해준다.

이 책은 당신만의 '희소한 가치'를 찾아가는 여정이다. 책을 읽으면서 '나라면 저 상황에서 어떻게 했을까? 지금 내가 처한 상황에서 내가 할 수 있는 건 뭘까? 이 사람은 이런 걸 가졌구나. 그렇다면 이 사람에게서는 없지만 내가 가진 무기는 무엇일까? 나는 어떤 사람일까?' 끊임없이 계속 질문을 던져야 한다. 가장 중요한 '나는 이 세상에 하나뿐인 특별한 존재다'라는 사실을 계속 떠올리면서 말이다.

그리고 이 책 끝에 나만의 무기를 찾게 된 순간, 주저하지 말고 이 세상에 당당히 드러내 보였으면 좋겠다. 그리고 그 무기를 가지고 앞으로 그 어느 때보다 찬란하고 행복한 순간들을 마주하길 진심으로 바라는 마음이다.

당신은 이 세상에서 하나뿐인 리미티드 에디션이다. 이 세상에 하나뿐인 삶이기 때문에 그 무엇과도 비교할 수 없으며, 그 어떤 삶보다 당신이 지금 살아가고 있는 삶이 가장 멋진 삶이다. 당신만의 멋진 한정판 인생을 위하여!

장소희

차 례

2장
현실을 넘어서는 '셀프-업' 에디션

3장
나의 한계를 인정하고 동시에 확장하는 인간관계

4장
실행력을 높이며 삶을 리미티드하게 즐기는 노하우

5장
미래를 내 눈앞에 가져다 놓는 방법

6장
매 순간 최고의 나를 만난다

1장

'한정판' 마인드

열일곱, 고시원에서 혈혈단신으로 지낸 여름방학

강남역 2평짜리 고시원

나는 성인이 되기도 전인 열일곱 살 여름방학에 홀로 강남역 고시원에서 한 달을 보낸 적이 있다. 여느 K-고등학생처럼 오로지 인서울 대학 진학만이 인생의 목표였던 때, 부푼 마음으로 치른 첫 중간고사 성적은 겨우 반에서 10등을 웃도는 수준이었고, 도저히 이 정도 성적으로는 인서울의 꿈을 이룰 수가 없을 거라며 좌절했다.

중학교를 졸업하고 고등학교에 입학하면서부터 대학 입시에 대한 욕심으로 스스로 느끼는 압박감과 부담감이 컸다. 고등학교에 들어가서 치르는 첫 시험 성적으로 특별반에 뽑히기도 하고, 거의 비슷한 성적이 수능 때까지 유지된다는 말을 들었던 터라 첫 시험이 내게 주는 의미는 매우 컸다. 그런데 그런 시험에서 만족하지 못할만한 결과를 얻었으니, 처음부터 좌절할 수밖에 없었다.

그래서 내가 생각해낸 돌파구는 '해외 유학'이었다. 어디든지 새로운 곳으로 떠나서 다시 시작하면 독기를 품고 잘할 수 있을 것만 같았다. 보통 외국의 학교들은 9월에 입학하므로 그전까지 모든 준비를 끝마치고 다시 고등학교에 들어가서 첫 시험을 잘 치러 내는 상상을 했다. 상상만으로는 모든 게 자신감 넘치고 완벽했다. 그리고는 무작정 부모님을 조르기 시작했다.

하지만 당장 유학을 보내는 일이 부모님 입장에서는 경제적으로도, 심적으로도 얼마나 큰 부담이었을지 철이 없던 그땐 이기적이게도 몰랐다. 그 마음도 모르고 몇 날 며칠을 울고불고 졸라대며 단식 투쟁까지 감행했다. 해외 유학에 대한 희망의 끈을 놓지 못한 채 기말고사마저 반에서 10등을 웃도는 성적으로 어영부영 끝내놓고는 여름방학이 시작되는 첫날, 엄마가 나를 불러 앉히더니 네가 정말 유학을 갈 자신이 있다면 서울에 가서 한 달 동안 혼자 공부하며 살아볼 수 있겠냐고 물었다. 머나먼 외국 타지에서 혼자 고립되어 공부하는 상상을 하던 상황에서 서울쯤이야 무섭고 두려울 게 하나도 없었다. 1초의 망설임도 없이 바로 그러겠다고 했다.

그렇게 해외 유학에 대한 부모님의 대안책으로 서울에 가게 되었고, 내가 도착한 곳은 간이침대와 작은 책상, 그리고 샤워 부스가 딸린, 성인 2명 이상은 도저히 서 있을 수도 없는 작디작은 2평짜리 강남역의 한 고시원이었다. 겨우 열일곱 살의 나는 그 방에서 훗날의 인서울을 꿈꾸며 세상에 홀로 서기 위한 시작을 했다.

우물 안의 개구리

서울에서 혼자 지내면서 깨달은 가장 강렬한 경험은 아침 7시 강남역 풍경이다. 굳은 결심으로 올라온 서울이었기에 강남역에서 가장 유명하다는 영어 학원의 아침 수업을 등록했다. 처음 영어 학원 수업이 있던 날, 어둡고 이른 새벽에 일어나 공부하러 가는 스스로가 대견했다. 강남역 길거리를 여는 아침의 주인공이 된 것처럼 뿌듯한 마음으로 1층을 나섰을 때, 강남역은 이미 사람들로 발 디딜 틈이 없었다. 지하철에서 쏟아져 나오는 사람들, 도로에 줄지어 서 있는 만원 버스들, 여기저기 들리는 경적, 그리고 정장 입은 사람들의 분주한 발걸음 소리까지.

평소라면 침대에서 무거운 몸을 일으키지도 못한 채 엄마의 잔소리나 시끄러운 알람과 싸우고 있을 그 시각, 내가 마주한 광경은 낯설고도 생소한 풍경들뿐이었다. 내가 그동안 얼마나 우물 안의 개구리로 살아왔는지 온몸으로 생생히 느껴지던 순간이었다. 스스로를 아침의 주인공이라고 생각했던 나 자신이 그렇게 부끄러울 수 없었다. 내 생각과는 달리 이미 수많은 사람들이 새벽 동트기도 전에 일어나 하루를 시작하고, 심지어 무척 바쁘게 살아가는 모습을 보고는 나 자신이 초라해져 한없이 작아지는 듯한 느낌을 받았다.

매일같이 그 시간, 그 길을 출퇴근 하는 직장인들의 입장에서는 특별할 것 없이 반복되는 지루한 일상이었을지 모르지만, 열일곱이 바라본 세상은 달랐다. 그날 마주했던 한순간의 짧은 광경이 이후 나의 하루 24시간, 사고방식 그리고 마인드까지 바꾸어놓았다. 그 뒤로 매일 아침 강남역 풍경을 떠올리며 그들과 같이 하루를 시작하기 위해 새벽 일찍부터 몸을 일으켰고, 바쁜 발걸음을 같이 맞추려고 노력했다.

지금도 내가 우물 안의 개구리가 된 것 같은 기분이 들 때면 열일곱 살의 강남역을 떠올린다. 그러면 갑자기 어두웠던 주위가 환해지면서 소란스러워지고 심장 박동이 빨라진다. 13년이 지난 지금까지도 그날의 생생한 기억은 나를 움직이게 만든다. 그리고 그날을 계기로 나는 더 이상 우물 안의 개구리가 되지 않으려고 매일 노력한다.

혼밥의 달인으로 거듭나다

혼자가 되면서 강렬히 깨달은 두 번째 사실은, 사람은 혼자서도 얼마든지 밥을 먹을 줄 알아야 한다는 것이다. 지금이야 혼밥, 혼술, 혼영 등 혼자 하는 일상이 어느새 유행이 되고 익숙해졌다지만, 내가 서울에 올라온 2010년도만 해도 식당에서 혼자 밥을 먹는 사람이 드물었고, 지금처럼 대다수의 식당에 1인 테이블이 있는 것도 아니었기에 식당에서 혼자 밥을 먹는다는 게 다소 어색한 분위기였다. 더구나 나는 이제 열일곱 살에 불과했다. 서울에서 혼자 공부만 하면서 아무 일 없이 잘 지낼 거라는 건 나의 큰 착각이었다.

문제는 당장 첫째 날 점심시간부터였다. 이제 와 보니 그동안 혼자 밖에서 밥을 사 먹어 본 적이 없었다. 더 큰 문제는, 그때 당시는 식당에 혼자 들어가 밥을 먹을만한 용기가 없었다는 것이다. 그렇게 첫째 날, 밥을 한 끼도 먹지 못하고 지나갔다. 그리고 그다음 날, 그 다다음 날까지도 식당에서 밥을 사 먹을 용기를 내지 못했다. 너무 배가 고파져 편의점에서 초콜릿, 과자, 음료수를 사 먹었지만 허기는 채워지지 않았다. 심지어 고시원 공용 주방에는 밥과 김치, 라면이 있었는데도 혹시나 주방에 갔다가 다른 누군가를 마주치기라도 한다면 괜히 어색하고 눈치가 보일까 봐 들어가지도 못했다.

그렇게 4일째 되던 날 학원 수업이 끝나고 일어섰는데 눈앞이 노랗게 변하더니 갑자기 천장이 보였다. 순간 눈이 돌아가면서 휘청거렸다. 잠시 1층 데스크 맞은편 의자에서 눈을 붙인 뒤 정신을 차려보니 한 시간이 훌쩍 넘어 있었고, 이대로는 굶어 죽을 수도 있겠다는 생각에 그제서야 용기를 냈다. 아직도 분식집에 가서 참

치김밥을 사 먹던 그 순간을 잊지 못한다. 쌀 한 톨 한 톨이 침샘을 자극하며 눈물 날 정도로 맛있었던 김밥은 그날이 처음이었다. 다 먹고 나니 이게 뭐라고 그렇게 어려웠을까 하는 회의감도 살짝 들었다. 막상 해보니 별거 아닌 일인데 하마터면 용기가 없어서 굶어 죽을 뻔한 나 자신이 어이가 없어서 웃기기까지 했다.

그 뒤로는 근처를 거닐다가 당기는 메뉴가 있으면 식당에 들어가서 곧잘 밥을 사 먹었다. 고시원 공유주방에서는 누구를 마주쳐도 자리를 피하지 않고 눈인사를 하고는 김치볶음밥도 해 먹고, 라면도 끓여 먹고, 달걀프라이도 해 먹었다. 아마 지금 혼밥의 달인이 된 건 그때부터 다져온 내공일지도 모른다.

어른이 되는 과정

서울에 올라가기 위해 집에서 필요한 물건들을 챙길 때 책과 필기도구, 가방, 단벌 신사로 지낼만한 옷가지 몇 벌 등 최소한의 짐만 챙겼다. 얼마나 결연한 의지였는지 평소라면 없어서는 안 될 헤어드라이어, 고데기, 예쁜 원피스, 여름 샌들 등은 짐을 챙기는데 거들떠보지도 않았다. 그런데 그 와중 상자에 손톱깎이를 챙겨 넣는 엄마에게 괜히 필요하지도 않은 쓸데없는 물건까지 가지고 갈 필요가 없다며 투정을 부렸고, 엄마는 혹시 모르니 넣어두라고 했다.

고시원에서 혼자 지낸 지 정확히 10일째 되던 날 나는 손톱깎이가 필요해졌다. 상자를 뒤적거려 손톱깎이를 꺼내 자르는데 눈물이 나고야 말았다. 어떻게 엄마는 이런 사소함까지 내다본 걸까?

사실 엄마는 매주 토요일마다 대전에서 서울로 올라와 꼭 밥을 챙겨 먹이고는 내려갔다. 서울에 머무르는 동안 4주 내내 올라왔고, 마지막 5주째에는 함께 내려갔다. 엄마는 어른이었고, 나는 철부지였다.

어른이 된다는 건 사소한 일상 하나부터 열까지 오로지 혼자 힘만으로 책임지고 살아갈 줄 안다는 의미다. 그전까지는 항상 곁에 있는 부모님의 울타리와 친구들의 존재가 너무나도 당연했기에 그 존재 자체에 대해 생각해본 적이 없었다. 하지만 태어나 처음으로 가족, 친구들과 떨어져 낯선 곳에 혼자 놓이게 되니 이 세상을 살아가려면 사소한 일에도 용기가 필요하다는 사실을 알게 되었다. 그리고 그게 어른이 되는 시작이라는 것도. 혼자 식당에서 밥을 사 먹고, 끼니를 챙기기 위해 요리를 하고, 선생님 같은 주변의 도움 없이 낯선 사람들 무리에 속해 관계를 맺고 지내는 법 등 그간 노력할 필요 없이 지나쳐 보냈던 일상들을 내 손으로, 내 힘으로 하나씩 헤쳐나가는 법을 배우기 시작했다.

그때 열일곱 살의 철부지는 겁도 없이 감히 거대한 세상에 스스로를 던져두고 그 상황 속으로 뛰어들었었는데, 이제는 내가 보낸 그 여름방학이 다른 누구도 쉽게 따라 하기 힘든 값지고 귀중한 경험이라는 걸 안다. 그리고 그날의 경험 덕분에 지금 누구보다도 용기 있는 어른이 되었다고 자부한다.

마침내 다시 집으로 돌아왔을 때 나는 더 이상 유학을 보내달라고 조르지 않았다. 한 번의 시험으로 좌절하는 건 너무 어리석고 섣부른 판단이었음을, 낯선 곳에 가서 새롭게 시작하면 독기를 품고 열심히 공부할 수 있다고 의기양양했지만, 사실 그건 세상 물정은 모르고 그저 현실을 도피하려는 짧은 생각이었음을 깨달았다. 해외 유학이 컴퓨터처럼 내 인생을 리부팅시켜 줄 거라고 믿었지만, 진짜 내 인생을 리부팅할 수 있는 방법은 현재에 최선을 다하고 집중하는 일이었다. 그 뒤로는 눈앞의 현실을 탓하고 부정하는 대신 그 상황에서 할 수 있는 일에 최선을 다하기로 마음먹었다. 그렇게 열일곱의 나는 낯설고도 넓은 세상으로 떠나보고야 현실을 마주하고 비로소 어른이 되는 한 단계 과정을 겪었다.

Q&A

- 내 인생에서 가장 크게 좌절했던 순간은 언제인가?
- 좌절했던 순간 내가 찾아낸 돌파구는 무엇이었는가?
- 내가 우물 안의 개구리가 되지 않으려고 노력하는 방법이 있다면?
- 내가 어른이 되어간다고 느끼는 순간은 언제인가?

지구 반대편 중남미, 파나마로 혼자 떠나다

우연히 찾아온 인턴십 기회

평온한 대학교 3학년, 중남미 국가 파나마에 계신 작은할아버지로부터 연락이 왔다. 작은할아버지는 내가 태어나던 1994년도에 파나마로 가신 후 줄곧 그곳에서 일하며 지내셨다. 오랜만에 연락이 닿은 터라 작은할아버지와 나는 서로의 안부를 주고받았다. 그러고 나자 작은할아버지는 내게 대학교 전공을 물으셨고, 앞으로의 진로나 취업에 대해 이야기를 나누었다.

일주일 뒤, 작은할아버지로부터 다시 연락이 왔다. 당신이 재직하고 있는 파나마 항만 터미널 일에 관심이 있다면 인턴십 프로그램에 지원해보는 게 어떠냐는 제안이셨다. 갑자기 가슴이 쿵쾅대고 손에서 땀이 나기 시작했다. 파나마라니! 국제물류학과 전공이자 세계 무역에 관심이 많던 나에게 책으로만 보던 '파나마 운하'

에서 수위를 조절하여 배가 넘나드는 장관을 두 눈으로 직접 볼 수 있는 절호의 기회였다. 게다가 해외 인턴십이라니, 가지 않을 이유가 없었다.

통화를 마치고 바로 영문 이력서를 작성하기 시작했다. 그때까지만 해도 아르바이트 이력서 말고는 써본 경험이 없었지만, 일단 한 단어, 한 문장씩 적어 내려갔다. 그렇게 처음 완성된 영문 이력서를 회사로 보냈고 그로부터 2주 뒤 화상 면접이 예정되었다.

처음 들어본 외계어

드디어 화상 면접의 날, 미리 예상 질문과 대본을 준비했기에 큰 무리 없이 진행될 거라고 생각했다. 행여나 모르는 단어가 나와도 바로 번역기를 켜서 찾아보면 되니 걱정 없었다. 그런데 첫 질문을 듣는 순간, 내 귀를 의심했다. '이게 어느 나라 언어지?' 정말 한 단어조차 알아들을 수가 없었다. 파나마의 모국어는 스페인어였고, 영어를 한다고 해도 중남미 특유의 억양과 발음을 좀처럼 알아들을 수가 없었던 것이다. 순간적으로 너무 당황해서 화상 연결이 원활하지 않다고 말했더니, 핸드폰으로 국제 전화가 걸려왔다. 전화 너머 들려오는 너무나 선명한 목소리. 그러나 아무것도 알아들을 수 없는 억양. 그야말로 멘붕이었다.

당황한 나머지 준비했던 말을 일방적으로 짧게 답하고는 통화마저 잘 들리지 않는다며 끊어버렸다. 머릿속에 외계어 같은 소리만 맴돌았다. 형편없는 인터뷰가 끝나고 받은 메일 회신에는 나의 영어 실력이 매우 부족해 보이니 12주 인턴십 프로그램을 하기에는 무리가 있으며, 겨우 2주의 체험만 가능할 것 같은데 그 정도 짧은 기간이라면 차라리 먼 거리를 무리해서 오지 않는 것이 어떨지 돌려 말하고 있었다.

얼마나 간절히 원했던 기회인데 이대로 순순히 인정하고 포기할 수는 없었다. 곧바로 답장을 보냈다. 정말로 인터넷 연결이 원활하지 않아 소리가 끊기는 탓에 제대로 들을 수가 없었다고. 일주일만 시간을 주면 와이파이를 재설치해서 문제없이 화상 면접을 진행하겠다고 했다. 물론 '정말'은 아니었다. 그날의 인터넷 연결은 평소와 같이 아무런 문제가 없었다. 그러나 나는 그 기회를 놓치고 싶지 않았고, 놓쳐서는 안 된다고 생각했다.

다행히도 나의 '이유 있는 변명'이 받아들여져 화상 면접을 다시 보기로 했다. 다시 주어진 기회, 시간 여유는 일주일이었다. 나는 그 일주일 동안 전화 영어 수업을 등록해서 필리핀 선생님과 매일 대화를 나누었고, 유튜브에 '중남미 영어'로 검색해서 나오는 영상들을 모조리 듣고 또 들었다.

대망의 두 번째 인터뷰 날, 내 귀에 외계어는 더 이상 들리지 않았다. 너무도 매끄러운 잡(Job) 인터뷰를 마치고 받은 메일에는 이렇게 써 있었다. '6개월의 인턴십 합격을 축하드립니다!' 원래 예정되어 있던 12주에서 6개월이라니! 큰소리로 마음껏 쾌재를 불렀다.

하늘만큼 높았던 언어의 장벽

그렇게 나는 2017년 12월 31일 파나마로 떠났다. 미국을 경유해 34시간을 날아가고 또 날아갔다. 긴 비행 끝에 도착한 지구 반대편, 중남미 국가 파나마. 영어를 잘하지도 못했고, 스페인어는 배운 적도 없던 내가 파나마에 가겠다고 마음을 먹은 것부터 이미 나에게는 도전이자 과제였다. 회사에 한국인은 고사하고 동양인은 할아버지를 제외하고 나밖에 없었고, 할아버지마저 출장이 잦아 한 달에 3주 이상은 해외에 계셨다. 영어와 스페인어, 보디랭귀지를 섞어 쓰며 하루 24시간을 보내는 게 쉬운 일은 아니었다.

같이 인턴십을 시작한 자메이카 친구가 척척 알아들을 때마다 나는 모든 내용을 녹음하고, 번역하며, 끊임없이 사전을 찾아봐야 했다. 업무에 필요한 서류들을 넘겨받았을 때도 자메이카 친구는 10분이면 읽고 끝날 일을 나는 영어사전을 켜놓고 단어 뜻부터 찾아보고 있었다. 남들이 열 걸음을 걸을 때 나는 겨우 한 걸음을 내딛는 기분이었다. 매일 밤 기숙사에 돌아와 스페인어와 영어 공부를 하지 않으면 당장 내일 출근해서 쓸 수 있는 문장이 없었다.

한 번은 자메이카 친구가 나의 영어 실력을 비웃는 것 같은 기분이 들어 울면서 왜 나를 'ignore'하냐고 따져 물었다. 그랬더니 그 친구의 눈이 동그랗게 커지더니 혹시 내가 너에게 인사를 안 하고 지나친 적이 있냐고 물었다. 난 거기에 대고 무슨 생뚱맞은 소리를 하냐며 더 화를 냈다. 그 친구는 끝까지 나를 못 봤다며 화해의 포옹을 청했다. 도저히 어이가 없어서 기숙사로 돌아와 'ignore'의 사전적 정의를 찾아봤다. 맙소사. '무시하다'라는 뜻보다 '못 보고 지나치다'라는 동사로 더 많이 쓰이는 단어일 줄이야. 혼자 있는데도 부끄러워서 이마 끝까지 빨갛게 달아올랐다.

다음 날부터 내 의도와는 달리 날 볼 때마다 눈을 마주치고 아주 환하게 인사해주는 친구에게 부끄럽고 미안한 마음이 들었다. 나의 뻔뻔한 무지함이 싫어서 더 악착같이 공부했다. 마트에서 초콜릿을 한 봉지 가득 사서 사무실 서랍에 넣어두고는 수시로 부서 친구들에게 나누어 주며 한마디씩 더 말을 붙였다. 보통은 어젯밤 혼자 공부한 문장들로 대화를 시작했다. 친구들은 내 서랍을 "sofia's supermercado!(소피아의 슈퍼마켓!)"이라며 매우 좋아했고, 모두들 나의 스페인어 선생님이 되어주었다.

매일 밤마다 공부하고, 초콜릿을 나눠주면서 익힌 대화들 덕분에 6개월 뒤에는 어렵지 않게 일상 대화를 할 수 있는 정도가 되었고, 파나마를 떠나기 전 혼자 페루를 10일 정도 여행할 때는 막힘없이 소통이 가능해져서 페루에서 우연히 만난 한국인 오빠들의 마추픽추 가이드가 되어주기도 했다. 하늘처럼 높기만 했던 언어의 장벽을 가까스로 넘어가는 듯한 기분이었다.

두드리면 열린다

친구들이나 주변 사람들은 내가 운이 좋아서 혹은 능력이 출중해서 파나마에 간 줄 안다. 내가 첫 번째 면접을 엉망으로 끝냈다는 것과 불합격의 위기가 있었다는 사실을 모르기 때문이다. 심지어 영어를 잘하는 수준도 아니었고, 스페인어는 배운 적도 없었다.

나는 절대로 머리가 좋거나 능력이 뛰어난 사람이 아니다. 나는 '잘난 것 없이 지극히 평범한 사람'이라는 사실을 늘 기저에 깔고 있기 때문에 내가 무슨 일을 시도했을 때 무엇이든지 한 번에 쉽게 되는 일은 없다는 것을 잘 알고 있다. 그렇기에 남들보다 몇 배는 더 노력해야 한다는 사실도 마땅히 받아들인다. 오히려 너무나 평범하기 때문에 큰 기대 없이 모든 일에 뛰어들고 시작할 뿐이다. 너무나 평범한 보통의 사람이지만 용기를 내서 무언가를 시작하는 일이 내가 가장 잘할 수 있는 일이고, 단 하나의 특별한 에피소드를 만들어온 방법이다. 그리고 그 특별한 에피소드들이 모여 나를 완성시켜 가고 있다.

대개는 정말 능력이 좋아서 간헐적 노력을 해도 일이 잘 풀리거나 기회를 잡을 수 있을지 모르겠지만, 나에게 간헐적 노력은 사치다. 끊임없이 내 손과 발로 기회를 찾아다니고, 주어진 일에 최선을 다해야만 결실을 얻을 수 있었다.

위기 앞에서도 포기하지 않고 한 번 더 두드렸더니 더 큰 기회로 나에게 찾아왔다. 진정으로 하고 싶은 게 있다면 될 때까지 해보면 된다. 하고 싶은 걸 눈앞에 두고 단 한 번으로 안 된다고 돌아서면 눈에 짓밟히고 마음이 쓰라리다.

'두드리면 열린다'는 말처럼 열 번이든 백 번이든 두드리면 열린다. 이 세상에 단 한 번만으로 되는 일이 얼마나 있겠냔 말이다. 세상은 그렇게 만만치 않다. 이 세상에 수없이 시도해서 안 되는 일은 거의 없다. 단지 우리가 시작하지 않고, 시도하지 않는 일들만이 안 되는 것뿐이다. 두드리는 사람만이 기회를 얻고, 기회를 얻은 사람만이 좋은 결과를 얻을 수 있다.

Q&A

- 나에게 우연한 기회가 찾아온 순간이 있는가?
- 위기를 기회로 역전시킨 나만의 영광스러운 경험이 있는가?
- 현재 내가 간절히 원하고 있는 기회가 있다면 무엇인가?

해보기도 전에 안 된다고 하지 말자

난이도 최상위 3종 종합 세트

파나마에서의 시간은 쏜살같이 지나갔다. 6개월이라는 시간이 6주 아니 그보다 더 짧게 느껴졌다. 인턴십을 3주쯤 남겨놓은 시점에 예상치 못한 커다란 마지막 관문이 나를 기다리고 있었다. 그동안의 인턴십을 평가받는 PPT 발표였다. 심지어 부서 내에서 발표가 아닌, 미국인 사장님 및 이하 임직원들 앞에서 15분간 영어로 PPT 발표를 해야 했다. 발표, 영어 그리고 미국인 사장님까지. 한 가지만 하더라도 눈앞이 깜깜해지는 어려운 일들인데 이건 난이도 최상위 3종 종합 세트였다.

심장이 '쿵!'하고 내려앉는다는 게 이런 기분일까? 갑자기 지난 나의 5개월이 스쳐 지나갔다. 만약 내가 이 발표에서 의미 있는 결과를 보여주지 못한다면 그동안 나의 인턴십이 물거품으로 비추

어질 수도 있는 일이고, 무엇보다 열심히 할 수 있도록 무한 응원과 애정을 쏟아주신 할아버지께도 부끄러운 일이 될 수 있기에 너무도 큰 부담감이 나를 짓눌렀다. 6개월 동안 나의 인턴십에 대한 평가가 15분의 발표에 달려있었다. 나에게 인턴십 기회를 준 회사에게도, 아낌없는 지지를 해주신 할아버지께도 자랑스러운 모습을 보이고 싶었다. 어떻게든 잘 해내야만 했다. 그런데 내가 이 발표를 도저히 잘 해낼 수 있을지 용기가 없었다. 내가 해낼 만한 일인지도 자신이 없었다.

나의 한계를 마주하는 일

내가 파나마 항만 터미널 인턴십에서 배운 일은 구매 데이터를 분석하는 일이었다. 회사 내에 구매 부서를 신설하게 되면서 지난 5년간 항만 터미널에서 구매한 부품, 장비들의 구매 데이터를 분석하고 재고를 조사하는 일이었다. 어느 나라에서 어떤 부품을 구매해왔고, 같은 부품이더라도 어느 나라에서 구매하는 게 효율적인 방법인지 5년간의 데이터를 가지고 분석하는 일이다.

일단 5년 치의 구매 자료를 모두 모은 후 PPT를 만들기 시작했다. 고맙게도 큰 발표를 앞두고 혼자서 어려움을 겪고 있는 걸 알고 있는 부서 내의 팀원들과 매니저가 모두들 달라붙어 하나씩 나를 도와주기 시작했다. 나의 담당 매니저는 PPT의 방향과 틀에 피드백을, 플로리다에서 온 인턴 친구는 대본 수정을, 그리고 나랑 가장 친했던 파나마 친구는 함께 데이터를 분석 및 취합해주었다. 모두가 신경 써주고 도와준 덕분에 PPT 자료는 그럴싸하게 완성되었다.

발표를 일주일 앞둔 시점, 이제부터 문제는 대본 암기였다. 15분 분량의 대본 4장을 외우고 또 외웠다. 대본을 프린트해서 가지고 다니면서 틈날 때마다 꺼내어 보고, 번역기에서 음성 메시지로 녹음한 파일을 무한반복으로 듣고 잠들 때까지 자장가처럼 틀어두었다. 그리고 퇴근 후 밤이 되면 다시 회사 사무실로 돌아와 혼자 불을 켜고 회의실에 들어가 앞에 서서 실제 발표를 하는 것처럼 시뮬레이션을 했다.

발표를 3일 앞두고서는 너무 긴장된 나머지 입이 바싹바싹 말라서 밥을 삼키지 못했다. 틈틈이 초콜릿으로 허기를 달래며 온 정신을 발표에 집중했다. 사장님 앞에서 발표하는 그 순간을 상상하면 배고픔도 느껴지지 않았고, 잠을 청하려다가도 몸이 벌떡 일어나졌다. 마지막 날까지도 도저히 내가 해낼 수 있을지 확신이 없었다.

결전의 날, 날다

드디어 PPT 발표 당일, 떨리고 긴장되는 마음으로 사장님과 임직원들 앞에 섰다. 정성스레 만든 PPT 자료를 한 장씩 넘기며 천천히 설명을 이어 나갔다. 다행스럽게도 마르고 닳도록 대본을 외운 덕에 얼버무리는 구간은 없었다. 내 앞에 많은 눈들이 반짝이며 미소를 머금고 내 이야기에 집중하고 있었다.

그 분위기에 용기를 얻은 나는 어느새 발표 도중 긴장은 사라지고 자신 있게 그 상황을 즐기고 있었다. 15분간의 발표가 끝이 나고 쏟아지는 박수 세례를 받았다. 사장님, 임직원들 그리고 부서 매니저까지 돌아가며 칭찬이 담긴 피드백을 한 마디씩 늘어놓았다. 그간의 고통스러움이 녹아내렸고 안도의 한숨이 쉬어졌다. 할아버지는 그 자리에 안 계셨지만, 나중에 따로 사장님께 나를 칭찬하는 메일을 받았다고 하셨다. 할아버지께도 자랑스러운 모습을 보일 수 있어서 정말 다행이었다.

발표가 끝나고 나니 그제야 저녁에 밥이 술술 넘어갔다. 3일 동안 밥을 삼키지 못했던 사실이 기억나지도 않을 정도로 맛있었다. 그런데 여전히 잠은 오지 않았다. 누워서 발표하던 순간을 상상하니 웃음이 실실 새어 나오고, 온몸에 소름이 돋았다. 내가 해내지 못할 거라고 생각했던 일을 해냈다는 사실에 가슴이 너무 벅차올랐다. 인턴십에 와서 사장님 앞에서 영어로 PPT 발표를 하게 될 줄도 몰랐고, 그걸 해내리라고는 상상도 하지 못했기 때문이다.

완벽히 준비된 때는 없다

미국 걸스카우트 연맹 총재를 역임했고 미국여성경제연맹으로부터 최우수 리더십상을 수상한 바 있는 '프랜시스 헤셀바인(Frances Hesselbein)'은 이런 말을 했다고 한다.

"나는 준비되어 있다는 생각을 해본 적이 없어요. 리더가 되겠다는 생각도 없었고요. 나는 그때그때 필요한 것을 해나가면서 배우고 있습니다."

이 말을 나는 경험을 통해 깨달았다. 애초부터 회사에서는 나에게 대단한 업무 능력을 기대하고 평가하려던 게 아니었을 것이다. 그저 6개월이라는 인턴십을 어떻게 활용했으며 그 과정을 통해 내가 어떤 경험들을 얻었을지 궁금했을 것이다. 물론 그마저도 나에게는 큰 부담이었던 건 맞지만, 내가 그 부담감에 짓눌려 대충 때우거나 포기해버렸다면 '나는 무슨 일이든지 해낼 수 있다'는 자신감을 얻지 못했을 것이다.

물론 내 발표가 완벽했던 것은 더더욱 아니다. 당일까지도 어떻게든 해내겠다고 다짐했지만, 완벽한 준비라는 것은 없다. 준비가 안 되었다고 할지라도 하나씩 부딪혀가며 배우고, 경험하며, 성장할 뿐이다. 무슨 일을 시작하기에 완벽하게 준비된 때는 없다. 완벽한 때를 기다리다가는 그 기회를 놓쳐버릴 수 있다. 무엇보다 완벽하게 준비해야만 시작할 수 있는 것도 아니다.

발표 이후로 어려운 과제가 나에게 주어질 때면 이렇게 생각한다. '지난번 파나마 3종 종합세트보다 어려울까?' 견주어보고 그것보다는 쉬울 것 같으면 주저하지 않고 시작하고, 그보다 어려울 것 같이 느껴지면 '아니야. 3종 종합 세트도 치렀는데 이것도 한 번 해보자.'하고 시작한다.

생각해보면 우린 태어나서 옹알이, 걸음마부터 시작해왔다. 오히려 아무것도 할 줄 몰랐던 그때는 수천 번이고 수만 번이고 엎어져도 일어났으면서 지금은 왜 모든 일을 시작하기에 앞서 망설이고 주저하는지 생각해봐야 한다.

2008년에 개봉한 짐 캐리 주연의 영화 〈예스맨〉에서 주인공 '칼 앨런'은 은행에서 일하면서 매일 같은 루틴을 반복하는 생활에 지친 캐릭터로, 그의 인생은 그다지 즐겁지 않고 기대할 것이 없는 것처럼 보인다. 그러다가 어느 날 그가 참석한 자기계발 세미나에서 오로지 'YES'만을 말하라는 교육을 받게 된다. 그 후 주인공 칼 앨런은 'YES'라는 단어를 통해 삶을 변화시키고 개방적인 태도로 이 세상을 바라보게 된다. 그 깨달음을 한 문장으로 표현해주는 대사가 있다.

"The world's a playground. You know that when you are a kid, but somewhere along the way, everyone forgets it. (이 세상은 놀이터야. 어릴 땐 그걸 잘 알고 있지만, 어느새 모두 그걸 잊는 것 같아.)"

우리는 어릴 때 세상을 두려움 없이 탐험하고, 새로운 것을 배우면서 즐기는 놀이터쯤으로 생각한다. 하지만 어른이 되어가면서부터는 사회의 규범과 기대, 그리고 스스로의 두려움과 제한으로 인해 점점 자유로움과 창의성을 잊게 된다.

세상을 놀이터로 바라보는 것은, 삶의 여러 어려움과 한계 앞에도 끝없는 호기심과 용기로 대할 수 있는 자세를 의미한다. 두려움이나 부정적인 생각에 사로잡히지 않고, 어린아이처럼 순수하게 세상을 바라보면 우리 앞에는 수많은 기회와 가능성이 펼쳐진다.

아직도 우리 각자의 삶 속에는 무한한 가능성과 새로운 경험을 위한 '놀이터'가 존재한다. 우리가 삶의 어떤 시기에 있더라도, 어떤 상황에 직면해 있더라도 두려움과 걱정, 불안은 잠시 내려두고 새롭게 시도하고 실패도 받아들일 줄 아는 용기를 가질 필요가 있다. 그렇게 하면 세상을 두려움 없이 탐험하고, 새로운 것을 배우면서 즐길 수 있으며 삶을 풍요롭게 만들 수 있다. 세상을 '놀이터'처럼 바라보자. 그리고 우리가 꿈꾸는 모든 가능성을 끌어안아 보자. 세상은 여전히 우리 앞에 놀이터처럼 펼쳐져 있다.

Q&A

- 나에게 난이도 최상위 3종 종합 세트는 무엇이었는가?
- 내가 나의 한계를 넘어섰을 때 기분은 어땠는가?
- 완벽히 준비되지 않았지만 시작해보고 싶은 일은?

내가 만든 금수저 그리고 갓생

유럽 배낭여행을 위한 휴학

나는 하고 싶은 일이 생기면 무조건 해보는 편이다. 해보지도 않고 상상만으로 만족하기엔 한참 부족하기 때문이다. 이런 나를 보고 주변에서는 하고 싶은 거 다 하고 살아서 좋겠다며, 그런 능력이 되는 게 참 부럽다고들 한다. 여기서 능력이 돈과 시간을 의미하는 것이라면 완전히 틀린 말이다. 나는 돈도 없었고, 누구에게나 똑같이 주어지는 시간만 가지고 있었을 뿐이다.

대학생 때 친구랑 유럽 배낭여행을 가기로 계획하고 알아본 여행 경비는 3주 동안 최소 500만 원에서 600만 원 이상이었다. 대학교 1학년이던 나에게 그렇게 큰돈은 당연히 없었다. 하지만 초등학교 때 적어두었던 버킷리스트 '대학생 때 유럽 배낭여행 가기'를 꼭 이루고 싶었다. 그리고 그 버킷리스트 옆에 따로 적어두었던 말이 있다.

"여행 경비는 스스로 벌기"

그래서 나는 유럽 여행을 계획하고는 휴학을 했다. 유럽 여행을 가려고 휴학을 하다니, 부모님도 처음엔 다른 꿍꿍이가 있는 건 아닐까 하며 걱정하셨다. 하지만 난 정말로 순순히 여행 경비를 마련하기 위해서였다.

휴학을 하고 백화점 옷가게에서 일을 했다. 평소 옷을 좋아하고 관심이 많아 지원을 했는데, 백화점 일이 그렇게 고된 노동일 줄 몰랐다. 매일 아침 오픈 전 몇십 개의 무거운 물류 박스들을 옮기고, 박스 테이프와 옷이 포장된 비닐을 뜯어 일일이 옷걸이에 걸어 스팀을 하고, 창고에 분류하는 것부터 시작이었다. 옷의 섬유조직에서 나오는 엄청난 먼지들을 뒤집어쓰는, 매일이 먼지와의 전쟁이었다. 손과 발이 쉴 틈이 없었고, 끝없이 손님들을 응대했다.

백화점에서 주 6일을 일했지만 2016년 최저시급 6,030원으로 500만 원을 모으기에는 턱없이 부족했다. 그래서 투잡으로 저녁 7시에 백화점을 퇴근하고 맞은편 치킨 가게에 가서 새벽 1시까지 서빙 아르바이트를 했다. 그렇게 투잡을 하며 모은 돈으로 3주간 유럽 7개국 10개 도시를 여행했고, 유럽을 다녀와서 남은 경비로는 엄마와 함께 홍콩, 마카오를 다녀왔다. 부모님께 천 원 한 장 받지 않고 온전히 내 힘으로 마련한 여행 경비여서 그런지 더 소중하고 뜻깊었다. 내가 대학교를 휴학하고 투잡을 했던 사실을 모르고 실컷 해외여행을 다니는 모습만 본 주변에서는 당연히 '능력이 되어서'라고 생각할 수 있지만, 나는 없는 돈을 벌었고 가진 시간을 최대한 활용했을 뿐이었다.

힘들수록 빛이 나는 순간

아르바이트를 하면서 몸소 느끼고 배운 점이 많다. 돈이 없으면 일단 벌면 되지만 남의 돈을 버는 일이 그리 호락호락하지 않다는 것. 그럼에도 하고 싶은 걸 하려면 열심히 벌어야 하지만, 그러려면 몸과 영혼을 갈아 넣어야 한다는 것. 보이는 게 전부가 아니고 해보기 전까지는 절대 모른다는 것. 그리고 마지막으로는 힘든 순간을 보내면 보낼수록 나중에 찾아오는 행복을 최대한으로 만끽할 수 있다는 것이다.

백화점에서 몇 개월 같이 일했던 친구와 오랜만에 만나 맛있는 음식에 와인을 곁들이며 지난날을 추억했다. 당시 우리는 쉬는 시간에 창고에서 빈 박스를 바닥에 깔고 쪽잠을 잤는데, 그때 아니었으면 우리가 언제 또다시 그렇게 박스를 깔고 자보겠냐며 서로 웃었다. 또 그 당시 나는 2미터가 넘는 창고 선반에서 물건을 정리하다가 뒤로 떨어지는 바람에 꼬리뼈에 금이 가서 한동안 절뚝거리며 걸어 다녔었는데, 그때 뒤뚱대던 내 모습을 서로 회상하며 우리

둘은 또 한참을 깔깔거렸다.

그땐 몰랐으나 지나고 보면 정말 값지고 소중한 순간이 누구에게나 있다. 눈물 날 정도로 힘들었던 순간들은 시간이 지나니 내 삶을 지탱해주는 단단한 기반이 되었고, 웃으며 이야기할 수 있는 특별한 추억이 되었다.

이때 몸소 겪으며 생긴 믿음으로 인해 나는 지금 당장 눈물 날 정도로 힘든 순간을 마주하고 있더라도 절대 좌절하거나 낙담하지 않는다. 힘들면 힘들수록 이런 일이 내게 찾아온 이유가 있을 거라고, 얼마나 큰 행복이 오려는 건지 상상하며 희망을 갖고 이겨낸다. 고통은 자신이 감내할 수 있는 만큼만 온다고 어른들은 말한다. 그 말에 나는 전적으로 동감한다. 절대 내가 감내하지 못하고 이겨내지 못할 고통은 나에게 오지 않는다. 나의 그릇에 맞는 고통이 주어졌을 뿐이니 충분히 이겨낼 수 있다는 마음을 가져야 한다. 그러나 행복에는 정해진 크기도 그릇도 없다. 행복은 상상할 수도 없이 큰 모습으로 내게 찾아온다.

하루가 바뀌면 인생이 바뀐다

주변에서 내게 많이 하는 또 다른 말들은 "정말 부지런하다"는 이야기다. "갓생을 사는 너를 보고 본받아야겠다"라는 말들을 많이 한다. '갓생'이란 신을 의미하는 'God'과 인생을 뜻하는 '생'의 합성어로 부지런하고 타의 모범이 되는 삶을 뜻하는 신조어다.

하지만 나는 태생적으로 매우 게으르고 나태한 사람이지 절대 부지런한 사람이 못 된다. 부지런하게 살려고 매일 노력하는 사람일 뿐이다. 4년간 근무하던 회사를 퇴사하고 출, 퇴근이 없어지니 사람이 그렇게 게을러질 수가 없다. 일어나는 시간도 잠드는 시간도 매일 달랐고, 아침에 눈을 떠도 할 일이 없어서 멍하니 시간을 보내거나 넷플릭스에 빠져 온종일 핸드폰만 들여다보곤 했다. 열심히 일하다가 퇴사했으니 이 정도는 쉬어도 된다는 보상심리 때문이었는지 인생에서 가장 나태한 시간을 보냈다.

두 달쯤 넘어서니 점점 몸이 좀 쑤시기 시작했다. 이불 밖으로 나가서 뭐든 해야겠다 싶었다. 그런데 자존감이 많이 떨어져 당장 내가 무슨 일을 할 수 있을지조차 몰라서 막연하기만 했다. 무엇도 할 수 없을 거라는 우울감이 바닥을 치던 그 순간 더 이상 이렇게 인생을 허비할 수는 없다며 침대에서 몸을 일으켰다. 그리고 이불을 정리했다. 그리고 미뤄왔던 청소를 시작했다. 선반에 앉아있는 먼지들도 다 털어냈다. 청소를 끝내고 시원한 물을 한잔 마시고는 샤워를 했다. 그리고는 개운한 몸과 마음으로 집 앞을 걸었고, 돌아오는 길에 간단히 장을 봐서 집밥을 해 먹었다. 이게 내가 할 수 있는 일의 전부였다.

너무나 소소한 일상이지만 게으른 나에게는 노력해서 몸을 움직여야만 할 수 있는 일들이었다. 이런 일상을 반복했다. 일어나서 멍때리기 전에 이불을 정리하고, 이제는 먼지가 없어도 선반을 닦았다. 집에 있는데도 무언가를 하느라 몸과 정신을 바쁘게 만들었다. 놀라운 것은 이 작은 행동들이 연속성을 가지고 계속해서 다음 할 일들을 찾아 나서게 만든다는 것이다. 이때부터 회사원보다 바쁜 백수가 되었다. 배우고 싶었던 분야의 강의들을 들으러 다녔고, 공통된 관심사를 가진 사람들을 만나러 다녔다. 출판사에 찾아가게 된 것도 그 순간이었다.

어쩔 수 없이 반복되는 쳇바퀴 같은 하루가 아닌, 내가 마음먹고 행동하는 대로 그날 하루를 만들어갔다. 나의 하루가 바뀌고 내가 만나는 사람들이 바뀌니 내 인생이 점점 달라지기 시작했다. 내 인생을 바꾸려면 오늘 하루를 나만의 것으로 만들고 온전히 컨트롤 할 수 있어야 한다.

갓생을 살기 위한 노력

어느 날 캄캄하고 고요한 새벽에 눈을 떠 몸을 일으키고 하루를 시작했다. 어두운 창밖과 달리 방은 환하게 빛나고 있었고, 그 순간 책을 읽고 있자니 집중력도 평소보다 몇 배는 더 좋았다. 새벽의 힘을 느끼고는 미라클 모닝을 하는 이유를 알게 되었고 실천하고 싶었지만 앞서 말한 대로 나는 게으른 사람이었다.

알람을 10개 맞춰놓고도 그 소릴 다 꺼버리고는 다시 잠들어버렸고, 혹여 잠이 깬다고 한들 몸은 그대로 누워있고 침대에서 눈만 멀뚱멀뚱 감았다 뜨곤 했다. 그리고 느지막이 일어나서는 정신력도 없고 의지도 나약한 인간이라면서 셀프 디스를 엄청나게 했다.

이렇게는 도저히 안 되겠다 싶어서 무작정 새벽 아르바이트를 시작했다. 주 5일 평일 내내 강제적으로 새벽 4시 30분에 몸을 일으켜 5시 20분에 버스를 타고 출근했다. 분명 강제적인 방법이었는데 매일 어두운 길을 나서는 그 상쾌함이 너무 짜릿했다. 눈은 좀 무거워도 발걸음은 가벼웠다. 이제야 진정한 새벽의 주인공이 된 것 같았다. 새벽 아르바이트를 해야만 미라클 모닝을 할 수 있는 게으르기 짝이 없는 나지만 스스로를 대견하다고 다독였다.

내가 매일 새벽 4시 반에 일어나는 걸 아는 사람들은 '갓생'을 산다며 칭찬하고 부러워하지만, 나는 어떻게 해서든 갓생을 살려고 '노력'했을 뿐이다.

유럽 여행을 시작으로 그 이후에 총 13개국을 여행했고, 하고 싶은 일이 생기면 해보고 가고 싶은 곳이 있으면 갔다. 누군가 보기엔 갓생이라고 할 수 있는 삶을 살고 있을지 모르겠다. 하지만 난 금수저도, 갓생을 살 만큼 부지런한 사람도 아니다. 어느 누구도 내게 밥을 떠먹여 주는 사람은 없었다. 따뜻한 밥상을 차려준

것만으로도 나는 감사해야 했다. 어떤 수저로 어느 반찬을 골라 밥을 먹을지는 나한테 달려있다. 주변 탓, 남 탓, 부모님 탓을 하기 전에 내 탓을 했으면 좋겠다. 무엇이든 할 수 있고 무엇이든 될 수 있는 '나'를 두고 괜한 주변을 탓하며 불평, 불만으로 시간을 흘려보내기엔 나의 하루가 너무나 짧고 소중하다는 것을 알았으면 좋겠다. 지금 흘러가는 이 시간, 주어진 오늘 하루를 바꾸면 분명히 내 인생은 달라진다.

Q&A

- 내가 가진 시간을 최대로 활용했던 경험이 있는가?
- 그때 당시 너무 힘들었지만 지나고 보니 빛이 나는 순간은?
- 새벽 기상을 위해 내가 실천했던 방법들은 무엇인가?
- 내가 살고 싶은 갓생은 어떤 모습인가?

나를 희소하게 만드는 3가지 가치

긍정은 모든 것의 기반이다

나를 희소하게 만들어주는 3가지 가치가 있다. 긍정, 자기 확신 그리고 회복 탄력성이다. 나에게 빠질 수 없는 3가지 강점이자 내 삶의 무기이다. 이 3가지 무기가 없다면 나는 완전히 다른 사람으로서 다른 인생을 살고 있을 것이 분명하다.

내가 첫 번째 가치로 삼고 있는 긍정은 그 뒤에 나오는 자기 확신이나 회복 탄력성의 기반이 되는 가치다. 따라서 3가지 가치들 중에서 가장 우선시되며 중요하다고 생각되는 강점이다. 나는 무슨 일이 생기든지 그 일의 긍정적인 면을 바라본다. 내가 원해서 일어난 일이든 원하지 않았지만 벌어진 일이든 어쨌거나 시간을 되돌려 상황을 바꿀 수도 없는 법, 일단 받아들이고 최대한 좋은 쪽으로 생각한다. 좋은 면만 바라보면 전화위복이 되어 나에게 좋은 일로 바뀌기도 한다. 아니, 바꾸어 말하면 비록 안 좋은 일이더라도 내가 좋은 일로 바꿀 수 있다는 말이다.

같은 상황에 놓이고 같은 경험을 하더라도 누군가는 배움으로 받아들여 한 단계 성장할 밑거름으로 만들어내고, 누군가는 불필요한 경험 또는 시간 낭비로 받아들여 이러한 상황을 겪은 것에 대한 불만을 끊임없이 토로하기도 한다. 회사에서도 같은 업무를 맡더라도 '나를 믿고 맡겨주셔서 감사한 일이야'라고 생각하는 사람이 있는 반면에 '이 일을 대체 내가 왜 해야 하는 거야? 오늘 또 야근 확정이네'라고 불평불만투성이로 받아들이는 사람이 있다. 내가 지닌 긍정적 사고는 상황을 언제든 나에게 유리하도록 해석하게 해준다. 그래서 언제나 나는 '전자'처럼 사고하고 또 받아들이려 애쓴다.

내 안의 긍정 폭포

내가 얼마나 긍정적인 사람인가 하면, 이런 질문을 받아본 적도 있다. "소희 씨는 집에 불이 나도 긍정적으로 생각할 수 있어요?" 이 질문을 듣고 한참을 웃었다. 그리고는 답했다. "네! 실제로 집에 불이 났었어요." 그 사람은 도저히 궁금해서 못 참겠다는 눈으로 고개를 기울이며 몸을 앞으로 내밀었다.

중학교 1학년 때 학교를 마치고 돌아와 동생과 밥을 챙겨 먹기 위해 국을 데우고 반찬들을 꺼내두고는 방 안에 잠시 들어가 있었는데, 조금 뒤 동생이 다급하게 방문을 열었고 온 집안이 연기로 가득했다. 놀라서 부엌을 가보니 냄비에 불이 붙어 활활 타오르고 있었다. 다행히 119에서 바로 와 진압한 덕분에 불이 다른 곳으로 옮겨붙거나 커지지 않고 꺼졌다. 원인은 냄비 바닥에 눌어붙어 있던 냄비 받침대를 그대로 가스레인지에 올려 불을 켜는 바람에 불이 붙은 것이었다. 큰불도 아니었고 냄비만 활활 탈 정도였는데도 온 집안에는 검은 재와 연기가 가득했다. 이 때를 회상하며 "아무도 안 다쳤으니 다행이고, 그 뒤로 엄마가 동생 밥 좀 챙겨주라는 잔소리를 조금 덜해서 좋았다."고 웃으며 말했다.

나의 긍정이 가장 많이 드러나는 부분은 '말'이다. 내가 하는 말의 거의 95% 이상은 모두 긍정적인 단어로 만들어진 문장들이다. 이 사실을 직접적으로 깨닫게 된 계기가 있다.

나는 평소 길치에 방향감각도 떨어지는 편이라 지하철 4호선을 반대 방향으로 타서 경기도권으로 간 적도 있고, 가산디지털역을 갈 때마다 지하철 1호선에서 갈라지는 구간을 헷갈려서 구로역으로 돌아간 적도 여러 번이다. 버스를 잘못 타서 버스 종점에서 기사님이 내리라고 한 적도 종종 있다. 버스를 타고 꽤 오래 가야 했던 적이 있는데 어느 순간부터 나만 버스에 타고 있길래 '버스 기사님이 내가 타 있는 걸 모르시지는 않겠지? 정류장을 그냥 지나치지 않게 잘 확인해야겠다'라고 두 눈을 크게 뜨고 창가를 바라보고 있었는데, 은평구 버스 종점으로 가고 있는 길이었다. 그럴 때마다 당연히 '나는 분명히 제대로 보고 탄 것 같은데?' 하며 핸드폰의 지도 어플을 다시 들여다보지만, 내가 속고 있는 건지 지도가 나를 속이는 건지, 반대 방향이라는 걸 그제야 깨닫는다.

은평구 버스 종점에서 내린 날은 거래처와 미팅이 있던 날인데 나는 나를 잘 알기에 약속이 있는 날은 항상 예정시간보다 1시간 먼저 출발했다. 그래야 이런 상황이 있을 때를 대비해 늦지 않고 도착할 수 있기 때문이다. 아무튼 이날 은평구 버스 종점에 내린 뒤 다시 맞는 방향으로 되돌아가는 버스를 기다리면서 친구한테 전화를 걸었다. "나 진짜 영업사원이 된 거 같아~ 미팅이 있어서 가는 도중에 길을 잘못 들어서 지금 은평구 버스 종점인데, 서울 방방곡곡을 누비고 다니는 기분이야. 영업사원이란 건 이런 걸까?"

운전을 할 때도 운전 실력은 의외라고 칭찬받을 정도로 안정적인 데 비해 내비게이션을 보는 눈은 꽝이라 길을 잘못 들거나 빙빙 돌아서 간 적도 많다.

내가 이 정도로 길치라는 것을 친구에게 설명하면서 뒤에 말을 덧붙였다. "그래서 나는 지하철 여행을 많이 하는 편이야. 버스 종점도 두 군데나 가봤고, 의도치 않은 길에 들어서서 드라이브를 하기도 해. 내가 워낙에 여행을 좋아하는 편이라서 말이야. 하하"

그랬더니 친구가 이 말을 듣고는 어떻게 지하철을 잘못 탄 일이

'여행'이 되는지 도저히 이해할 수 없다는 표정으로 말했다. "만약 내가 그 상황이었다면 이건 절대 일어날 수 없는 사고라면서 자책하고 스트레스 받았을 거야."

이 외에도 손꼽아 기다리던 맛집을 갔는데 하필 가는 날이 장날이라고 문을 닫았을 때도 당연히 아쉬운 마음은 있지만 '괜찮아~ 원래 맛집 주변은 다 맛집이래' 하면서 금방 다른 곳을 찾아 나선다.

한 가지 확실한 것은, 긍정적인 말은 긍정적인 상황을 끌어들이고, 부정적인 말은 부정적인 상황을 끌어들인다. 내게 좋은 일들이 많이 일어나길 바란다면 내가 쓰는 말이 긍정적인지부터 먼저 확인해보면 된다.

주변에 부정적인 사고나 말을 하는 사람들을 보면서 내가 속으로 하는 생각이 있다. 내 안에 긍정 폭포를 나누어 주고 싶다는 생각이다. 나에게는 쉴 새 없이 흘러넘치는 긍정 폭포가 있다. 아무리 퍼내고 또 퍼내어도 마를 일이 없다. 그래서 나는 내가 가진 긍정 폭포를 주변에 나누어 주고 싶다는 생각을 많이 한다.

한 사람의 감정이나 기분은 꽤 쉽게 다른 사람에게로 옮겨 간다. 내가 만약 부정적인 편에 속하는 사람이라면 긍정 폭포를 가진 사람을 곁에 두고 그 사람이 하는 생각, 그 사람이 쓰는 단어들을 주의 깊게 들어보고 하나둘씩 긍정적인 것들로 채워 나가보자. 긍정 폭포를 가진 사람들에게 긍정을 떼어간다고 한들 절대 마를 일이 없으니 걱정하지 말고, 긍정으로 내 안을 가득 채우자.

같은 공간, 같은 시간에서의 다른 기억

같은 경험을 하더라도 사람마다 다른 기억으로 남는다는 것을 체감한 일이 있다. 대학교 2학년 때 친구랑 3주간 유럽을 여행하며 많은 경험과 추억들을 쌓았고, 그때를 친구와 나는 종종 회상하며 추억에 빠져들곤 한다. 그런데 분명 같이 여행을 했지만 시간이 흐른 뒤 남아있는 기억은 꽤 많은 부분이 달랐다.

한 번은 프랑스 파리의 에펠탑을 보러 갔던 날을 떠올렸다. 나는 그날의 맑은 날씨와 에펠탑의 멋진 구조물들 그리고 잊을 수 없는 야경에 대해 이야기를 꺼냈다. 그러나 친구의 기억 속에 파리의 에펠탑은 며칠 전 일어났던 총기 난사 사건으로 인해 매우 삼엄한 분위기 속에서 속옷까지 수색하고 들어가느라 꽤나 불쾌했던 경험이었다.

파리에서의 기억뿐만 아니라, 이탈리아에서의 기억도 친구와 나는 확연히 달랐다. TV를 보다가 친구와 함께 갔던 이탈리아 로마의 트레비 분수가 나와서 친구에게 사진을 찍어 보내면서 이 분수 옆에서 먹었던 젤라또가 너무 맛있어서 잊히지가 않는다는 말을 전했더니 친구는 이렇게 대답해왔다. 트래비 분수는 공사 중이라 볼 수 있는 게 없었고, 사람은 너무 많고 햇볕은 뜨거워서 지칠 대로 지쳤었노라고. 같은 공간, 같은 시간을 보냈는데 친구와 나의 기억이 상반되었던 게 너무 신기했던 기억으로 남아있다.

나는 내게 주어진 상황 자체에 대해 좋고 나쁨을 판단하지 않는다. 그 상황이 나에게 주어진 이유가 분명히 있을 거라고 이해하며 있는 그대로 받아들인다. 그리고 앞으로 어떻게 좋게 만들어나가야 할지에 대해서만 생각하고 집중한다. 그렇게 하면 어떤 상황이 내게 주어지든 좋은 토대가 되어 밑거름으로 딛고 일어서서 성장하는 사람이 될 수 있다.

내가 나를 믿는 힘

내가 두 번째 가치로 삼고 있는 것은 자기 확신이다. 나는 이 세상에서 나를 가장 믿는다. 나의 잠재력과 무한한 가능성을 한 치의 의심도 없이 믿어줄 수 있는 사람은 나밖에 없다. 내가 나를 믿지 않으면 그 어느 누구도 나를 믿지 않을 테고, 내가 나를 믿지 않으면 나는 아무것도 할 수 없다. 스스로를 믿는 힘이 한 걸음 내디딜 수 있는 원동력이자 인생을 살아갈 큰 용기가 된다.

회사를 그만두고 집 앞 식당에서 서빙 아르바이트를 했을 때의 일이다. 내가 일한 식당은 워낙에 맛있다고 소문이 자자한 곳이고 맛집 프로그램에도 소개된 적이 있어서 평일, 주말 할 것 없이 항상 웨이팅이 길게 늘어섰다. 그 동네에 4년 동안 살았던 나조차도 웨이팅이 엄두가 나지 않아 먹어보지 못했던 맛집이었다. 그런데 하필 또 열정 만수르인 나는 같은 돈을 받고 같은 시간을 쓰더라도 조금이라도 더 바쁜 곳에서 일하고 싶었고, 결국 아르바이트에 지원해서 그중에서도 가장 바쁜 토요일에 풀타임으로 근무를 했다.

그날도 여느 날처럼 정신없이 바쁘게 웨이팅 줄에 순번을 매기며 주문을 미리 받아두고 있었다. 그때까지도 몰랐다. 다음 대기 손님을 홀로 안내했는데, 그 손님이 자리에 앉자마자 마스크를 내려 얼굴을 보이며 나에게 말을 걸었다.

"소희 선배 맞죠? 저예요."

이럴 수가. 내가 회사에서 업무 인수인계를 해주었던 직속 후임이었다. 순간 표정은 웃고 있었지만, 머리는 굳어버리고 말았다. 당당하게 회사를 박차고 나와서 아르바이트를 하고 있는 내 모습을 보고 행여 실망을 했을까 걱정이 되고 신경 쓰였다. 꼼꼼하고 책임감 있는 멋진 모습으로 회사에서 업무를 알려주던 선배로 남아있고 싶었다.

음식이 나오고 서빙을 하는 순간까지도 머릿속이 복잡했다. 밥을 다 먹고 나가면서 서로의 안부를 물었고, 그럼에도 반가운 마음이 더 컸던지라 웃는 얼굴로 인사를 나누었다. 그 후임이 묻지도 않았는데 나는 내 본업을 따로 하고 있다고 했다. 그러자 그 후임도 회사를 그만두고 나왔다고 했다. 아무튼 나중에 또 소식을 전하자며 배웅하고 돌아서는데 순간 걱정하던 생각이 싹 사라졌다. 후임이 바라보는 내 모습을 내가 단정 지어서 생각하고 있었음을 깨달았다.

나를 조금이라도 아는 그 후임은 내가 회사를 나와 지금 당장 아르바이트하는 모습을 보더라도 전혀 실망하지 않았을 것이라는 데 생각이 미쳤다. 아마도 자신이 아는 선배는 멋진 사람이기에 앞으로 무슨 일이든지 해낼 것이고, 지금도 그 여정을 걷고 있으리라 생각할 것이라고 믿기로 했다. 그 후임이 나를 믿을 거라고 내 마음대로 생각하며, 다시 한번 더 나를 믿기로 했다. 그리고 그 믿음은 그날 저녁 집에 돌아가서 더 열심히 글을 쓸 수 있는 원동력이 되었다. 조건 없는 믿음에 대한 보답을 후임이든 스스로에게든 꼭 하고야 말겠다는 다짐을 하면서 말이다.

저마다의 바닥이 있다

마지막 가치는 회복 탄력성이다. 언젠가 20대 중반이라는 나이에 들어섰을 때 친구에게 이런 말을 한 적이 있다.

"내가 너무 굴곡 없는 평탄한 삶을 살고 있는 걸까? 나도 한 번쯤은 인생에서 바닥을 치는 큰 고난과 시련을 겪어봐야만 하는 걸까?"

그랬더니 친구가 말했다.

"너는 평탄하다고 하지만 다른 사람에게는 큰 고난과 시련이 될 수 있는 일들이 분명 있었을 거야. 지나고 보니 밑거름이 된 거지. 인생에서 크고 작은 일이 없는 사람이 어디 있어? 남과 비교해서 바닥을 쳐야만 한다고 생각하지는 마."

이 대답을 잊을 수가 없다. 보통 흔히들 인생에 큰 실패를 겪어 본 사람만이 그 실패를 딛고 일어서서 더 큰 성공을 이룰 수 있으며 고난과 시련 없이 쉽게 얻어지는 것은 없다고 한다. 운동을 할 때마저도 외치는 문구가 'No pain, No gain'인 걸 보면 인생에 있어 역경은 필수 요소인 것처럼 여겨진다. 그래서 나는 스스로 바닥을 쳐봐야만 한다고 생각했다. 바닥을 치면 앞으로 올라갈 일밖에 없으니 그 상황에 놓인 내가 얼마나 열심히 이 악물고 기어오를지 상상하기도 했다.

나는 왜 이런 생각들을 하면서 바닥에 놓이려는 상황을 자처하며 찾으려고 했을까? 나는 왜 내 인생이 굴곡 없는 평탄한 인생이라고 여겼을까? 내가 정말로 꽃길에 탄탄대로인 인생만을 걸어와서일까? 당연히 아니다. 절대로 그럴 리가 없다. 인생이 아니라 하루만 떼어놓고 보더라도 24시간 안에 크고 작은 일들이 많이 벌어진다.

그 일련의 사건 사고들이 시련이라면 시련이고, 고난이라면 고난이다. 역경 없는 삶은 어디에도 없다. 단지 나는 회복 탄력성이 매우 큰 사람이라서 그렇다. 무슨 일을 겪든지 회복하는 속도가 매우 빠를 뿐만 아니라 긍정으로 무장된 강철 멘탈에 심지어 어떤 상황에 놓여도 헤쳐나갈 수 있다는 자기 확신까지 있으니 그저 내 인생이 무탈한 것처럼 느껴질 뿐이다.

친구가 내게 대답을 한 뒤에 중학교 2학년 때 있었던 이야기를 하며 말을 이어갔다. 중학교 2학년 체육 시간이 끝난 후 운동장 한가운데에서 내가 친구한테 남모를 사정을 털어놓은 적이 있었다. 친구는 항상 밝기만 했던 내가 고민을 이야기한 적이 처음이라 적잖이 당황했을 것이고, 그날이 아직도 생생히 기억난다고 했다.

생각해보면 나도 그때 이 세상의 무거운 짐은 내가 다 지고 있는 듯한 표정과 목소리로 친구한테 고민을 털어놓은 기억이 있다. 그땐 그 일이 내 인생에 있어 가장 큰 시련이었는데, 지나고 보니 얼마든지 이겨낼 수 있을 만한 문제였고, 무엇보다 내가 바닥을 칠 만한 아픔도 아니었다. 하지만 다른 사람에게 이 일이 닥쳤더라면 누군가는 바닥을 치거나 큰 슬픔에 빠져 한동안 헤어나오지 못했을 수도 있다.

사람에게는 본인이 감내할 수 있는 만큼의 시련과 고난이 찾아온다고 생각한다. 절대로 내가 감당하지 못할 역경은 내게 주어지지 않는다. 만일 인생에 예기치 못한 상황이 어느 날 갑자기 닥쳐오더라도 긍정적으로 바라보며 스스로를 믿고, 확신한다면 이 세상에 못 이겨낼 일은 없다. 내 눈앞에 고난과 시련이 닥쳤을 땐 이렇게 생각하자.

"아싸! 내 삶을 업그레이드시킬 좋은 기회다!"

Q&A

- 나를 희소하게 만드는 가장 큰 가치 3가지는 무엇인가?
- 내가 자주 쓰는 긍정적인 말은?
- 내가 겪은 나의 바닥은 언제이고, 어떻게 업그레이드시켰는가?

2장

현실을 넘어서는 '셀프-업' 에디션

피, 땀, 눈물은 결국 인생의 굳은살이 된다

피, 땀, 눈물로 얼룩진 첫 회사 생활

나의 첫 회사 생활은 온통 피, 땀, 눈물이었다. 얼마나 혹독했는지 차마 어디서부터 어떻게 이야기해야 할지 모를 정도이다. 매일이 살얼음판 위를 걷는 것처럼 조마조마했다. 그동안 살아오면서 부모님이나 선생님을 제외한 누군가에게 큰소리로 혼나본 적도, 이유도 모른 채 미움을 받아본 적도, 스스로가 한심해서 자괴감에 빠진 경험도 없었다. 그런데 회사는 그 상상 이상의 경험을 내게 안겨주었다.

뭐든 주어진 일을 다 잘 해내고야 말겠다는 열정 빼면 시체였던 신입사원 시절, 10년 차 과장님이 나의 사수가 되었다. 10년 차 과장님이셨지만 업무를 해내는 능력이나 스킬은 10년 치 그 이상이었다. 업무 처리에 있어서 매우 엄격하고 한 치의 오차도 용납하지 못하셨기 때문에 나는 사소한 일 하나부터 열까지 스파르타로 배우기 시작했다. 다른 신입사원들은 실수를 하면 실수로 인정받고 적당한 선에서 넘어갔지만 나는 실수가 아닌 실력으로 평가받고 혼이 나기 일쑤였다. 과장님은 내가 로봇처럼 한 번 보고 듣고 배우면 척척 해내길 바라는 것 같았다.

처음엔 원망도 많이 했다. '당연히 10년 차 과장님에게는 눈 감고도 할 수 있는 쉬운 일이겠지만, 처음 배우는 전 아니라고요!' 분명 두 번 세 번 알려주시는데 그걸 못 따라가는 나 자신이 한심하고 바보같이 느껴져서 매일 자책했다. 그까짓 세 번 정도 헷갈리고 어려워서 잘 모를 수도 있다는 이해를 감히 바랄 수도 없었다.

사실 신입사원이 알면 얼마나 알고, 잘하면 얼마나 잘 하겠느냐마는, 과장님이 나한테 기대하는 것도 밉고 싫었다. 회사에 출근해서 온종일 10시간을 내리 불호령을 듣는 일이 일상이었는데, 늘 마지막엔 나에게 '너가 조금 더 잘할 수 있을 거 같아서 그래'라고 하셨다. 그땐 그 한마디조차 듣기 싫었다. 내가 정말로 잘하길 바라면 좀 너그럽게 한 번 더 알려줄 수는 없는지 말이다.

회사에서 많은 사람들을 앞에 두고 혼자 우두커니 서서 혼나는 기분은 세상의 나락 끝으로 떨어지는 기분이었다.

소희 씨, 괜찮아요?

지금 생각해보면 그 나날들을 어떻게 버티고 견뎌왔는지 새삼 놀랍다. 살면서 두 번 다시 돌아가고 싶지 않은 순간이기도 하다. 울기도 참 많이 울었다. 자리에 앉으면 쉴 새 없이 눈물이 차올라서 모니터가 뿌옇게 보이기도 하고, 소리 내어 울고 싶어서 빨리 퇴근하고 싶다고 생각한 적도 여러 번이다. 회사 생활 다 똑같이 힘들다지만 나에겐 유독 생지옥이었다. 회사에서 가장 무서운 호랑이 과장님과 이제 입사 한 달 된 사원이라니. 일단 처음부터 말이 안 되는 콤비였다.

매일같이 그렇게 혼나다 보니 주변에서 나를 걱정하기 시작했다. 회사 메신저로 하루에 두세 번씩은 꼭 "소희 씨 괜찮아요?" 하는 걱정이 담긴 연락을 받았다. 자리가 멀어서 얼굴도 안 보이는 사람들에게서도 메시지가 오는 걸 보면 내가 얼마나 큰 소리로 혼이 난 건지 짐작할 수 있었다. 남들이 보기에도 아무것도 모르는 새파란 신입이 매일 혼나는 모습을 반강제적으로 지켜보고 있자니 얼마나 안쓰럽게 느껴졌을까.

그러면서 다들 꼭 한마디씩 덧붙였다.

"소희 씨니까 버티고 있지…. 저라면 절대 못 해요. 그 자리 정말 많이 바뀌었어요."

사실 나도 알고 있었다. 업무 인수인계 파일들을 보면서 그 자리에 얼마나 많은 사람들이 왔다가 떠났는지 짐작할 수 있었다. 보통이라면 그 상황에서 '나도 못 해'라며 포기할 수도 있겠지만, 주변에서 '어떻게 버텨요?'라든가 '힘들지 않아요?'라며 걱정 어린 시선들을 한껏 보내올수록 나는 되려 반대로 힘이 났다. 모두가 못 할 일이라며 뒤돌아 외면할 때 나는 그 일에 맞서고 싶었다. 누군가는 의미 없는 스스로의 싸움이자 오기라고 할 수도 있겠지만, 나에게는 인생에 있어 어떻게든 헤쳐 나아가야만 하는 또 하나의 도전 과제일 뿐이었다.

무서운 호랑이 과장님 극복기

그 상황을 버틸 수 있었던 가장 큰 이유는 이 상황이 언젠가 끝날 것임을 알았기 때문이다. 한 달이 지나고 3개월이 지나도 내가 만약 똑같이 혼난다면 그건 전적으로 나의 능력 탓일 테고, 그런 일은 없을 거라 믿었다. 처음에는 당연히 아무것도 모르니까 얼마든지 호되게 혼나도 괜찮다고 생각했다. 혼나면서 배우는 것쯤이야 나를 위한 일이라고 생각하면서 분명 나중에는 일을 잘한다는 인정을 받고야 말거라고 다짐했다. 크게 혼이 나면 날수록 정신 똑바로 차리고 대답을 한 뒤에 자리로 돌아와 앉았다. 내가 '혼이 난다'는 사실에 사로잡혀 머릿속이 새하얘지지 않으려고 계속 정신을 붙잡았다. 그렇게 매일 스스로를 다독이며 하루를 이겨냈다.

그렇게 처음부터 정신 못 차릴 정도로 혼나면서 일을 배웠다.

그리고 딱 3달이 되던 때, 스스로 달라졌다는 걸 체감하기 시작했다. 매번 헷갈리던 업무가 더 이상 헷갈리지 않았고, 허둥지둥하던 눈과 손이 기계처럼 동시에 여러 가지 일을 쳐내고 있었다. 처음으로 '나 이제 일 좀 배웠다'라고 느꼈다. 가장 큰 변화라면, 더 이상 과장님이 나를 불러 세우거나 불호령을 내리지 않았다. 드디어, 마침내 내 몸과 마음이 안정을 찾은 순간이었다. 그리고 나서 또 3개월 뒤에는 업무를 추가 분배받았음에도 불구하고 기존 업무량만으로도 허덕이던 내가 이제는 늘어난 일거리도 문제없이 소화해내고 있었다.

나를 단단하게 만들어 준 불호령

내가 만약 힘들었던 그 순간에 포기했다면 어땠을까? 물론 다른 회사에 가서 따뜻한 상사를 만나 일을 배우고 잘 지냈을 수도 있다. 하지만 '그때 일찌감치 포기했더라면 좋았을걸' 하며 후회하지는 않는다. 아까 말한 대로 살면서 다시는 돌아가고 싶지 않을 정도로 힘들었던 순간이기도 하지만, 그 과정이 없었더라면 지금처럼 단단해지지 못했을 거라고 장담한다.

그리고 시간이 흐를수록 그간의 불호령이 고마운 때가 더 많아졌다. 회사 내부는 물론, 외부의 거래처들에서도 일 잘한다는 소리를 들을 수 있었던 건 모두 다 불호령 덕분이라고 느꼈다. 또 일이 됐든 인간관계가 됐든 살아가면서 만나게 되는 수많은 다양한 사람들이 있을 텐데, 한 번 호랑이 과장님을 겪고 매운맛을 보고 나니 더 이상 무서울 것도 겁낼 것도 없어졌다. 호랑이보다 더 무서운 드라큘라 같은 사람을 만나게 되더라도 난 아마 그때처럼 이겨내리라 생각하고 그다지 걱정되지 않는다. 그리고 제법 노하우도 생겨 무서움보단 그 상황을 즐기기는 여유도 생겼다.

주어진 상황을 헤쳐나가면서 조금씩 나 자신을 이겨 나가다 보면 어느새 몸집이 커지고 맷집이 생겨있다. 인생의 굳은살이 자리 잡은 것이다. 굳은살은 쉽게 생기지 않지만 한 번 생기면 꽤 오랫동안 자리 잡고 아플 것도 안 아프게 해주곤 한다. 피, 땀, 눈물 좀 흘려도 괜찮다. 결국은 인생의 굳은살로 단단해진 내 모습을 보며 뿌듯함을 느끼게 될 테니까.

Q&A

- 인생의 굳은살이 생기도록 나를 단단하게 만들어준 경험은?

내 별명은 질문봇 그리고 열정 만수르

세 번 혼나느니 한 번 질문하기

회사에 다니면서 내게 생긴 별명들이 있다. 질문봇, 그리고 열정 만수르. 입사한 지 한 달쯤 신나게 혼나고 있을 때부터 생긴 별명이다. 질문봇은 호랑이 상사가 붙여주었다. 질문이 왜 이렇게 많냐면서, "너는 질문봇"이라고 하셨다. 나는 아무리 혼나도 질문은 그치지 않았다. 한 번 질문해서 배우고 넘어가면 남는 거라도 있지만 모른 채 넘어가면 나중에 두 번 세 번 혼날 일이 뻔하기 때문에 그게 더 싫었다. 몰라서 세 번 혼날 일을 한 번 물어보고 혼나더라도 배우고 넘어가는 게 훨씬 낫다고 생각했다.

모르는 걸 모른다고 당당하게 말하는 건 전혀 창피하지 않았다. 대신 몰라서 혼났던 일로 몇 번이고 반복해서 혼나는 일은 정말 부끄럽고 창피했다. 만일 내가 이해가 안 됐음에도 아는 척하고 넘어가려고 해도 어차피 상사는 내가 진짜로 알고 대답하는지 모르고 대답하는지 다 알고 있다. 그리고 상사 입장에서는 내가 당연히 이 정도는 알겠지 하고 간과하며 설명 없이 넘어가는 부분도 많기 때문에 내가 모르는 부분이 있으면 무조건 짚고 넘어갔다. 특히나 일을 할 때는 알고 하는 것과 모르고 하는 것은 천지 차이다. 왜 업무처리를 이렇게 해야 하는지 모르고 주먹구구식으로 하다 보면 나중에 가서 정작 남는 게 없는 건 물론이거니와 업무상 더 큰 대형사고로 이어질 수 있다.

질문의 진짜 이름은…

질문이란 단어의 사전적 의미는 '알고자 하는 바를 얻기 위해 물음'이다. 하지만 나는 질문이 단순 '물음'이라고 생각하지 않는다. '물음'을 넘어서서 질문은 의지와 열정의 뜻을 내포하고 있다고 생각한다. 결국은 질문을 하는 이유가 알고자 하는 바를 얻기 위해서인데, 그 알기 위함에도 의지가 있어야 하고 열정이 있어야만 하기 때문이다.

이 세상에 내가 모르는 사실과 지식은 수없이 많다. 내가 아는 것보다 모르는 게 훨씬 더 많은 세상이다. 그런데 그중에 내가 무언가를 알고자 질문을 던진다면, 그것은 배우고자 하는 나의 의지이자 열정 아닐까? 그래서 난 질문을 좋아한다. 내가 몰랐던 사실을 새롭게 알게 되고 배운다는 기쁨도 물론 있겠지만, 질문을 함으로써 내 의지나 열정이 느껴지는 게 참 기분 좋은 일이다.

일할 때뿐만이 아니더라도, 예를 들어 좋아하는 사람이 생기면 그 사람에 대한 질문이 끝도 없이 쏟아지는 것처럼, 질문도 관심이 있기에 가능한 일이다. 모든 스쳐 지나가는 일상생활 속에서도 내가 좋아하고 관심 있는 일들에는 호기심이 따라온다.

나는 평소에도 질문이 많은 편이다. 내가 몰랐던 '새로운 무언가'를 알게 됐을 때 표면으로 드러나 있는 '사실'보다는 그 속의 '진짜 의미'가 더 궁금하기 때문이다. 모든 것에는 저마다 본래의 뜻이나 이유가 있을 테고, 그 내면을 알아야 진짜 아는 기분이다. 사람도 마찬가지다. 겉으로 보이는 표정, 말투, 행동 등으로는 그 사람이 어떤 사람인지 선불리 단정 지을 수 없고, 그 사람의 무한한 내면의 깊이를 들여다보아야만 그제야 그 사람을 조금이나마 안다고 할 수 있는 것처럼 말이다.

실제로 회사 면접을 볼 때도 내가 먼저 사장님께 질문을 던졌다. 회사 이름에 '은'이라는 단어가 들어가는데, 왜 '금'이 아닌 '은'을 썼는지 여쭤보았다. 이 질문에는 단순히 '회사명'이 궁금해서가 아니라, 사장님이 어떤 비전과 기업 가치를 회사명에 담았는지를 알고 싶어서였다. 그에 대한 답을 듣고는 또 질문을 던졌다.

"제가 알기로 사장님께서는 자수성가하셔서 지금의 큰 성공을 이루셨는데, 앞으로 또 다른 꿈이나 목표가 있으신지 궁금합니다."

사장님은 너털웃음을 지으며 대답해주셨다. 아직도 어린 시절의 헝그리 정신을 기억하신다며, 그때를 잊지 않고 항상 도전과 열정을 게을리하지 않는다고 하셨다. 그때 그 대답을 듣고 이 회사에 대한 확신이 생겼다. 그러고는 이내 사장님이 나의 입사지원서에 형광펜으로 크게 별표를 그리셨다. 그걸 본 다른 지원자들은 그제야 너도나도 손을 들고 하나씩 질문을 하기 시작했다.

모든 일에 질문을 던지지는 않아도 된다. 오히려 모든 것을 알려고 한다면 그건 너무나 머리 아픈 일이다. 하지만 내가 하고자 하는 일, 나의 가깝고 소중한 사람들 그리고 내가 좋아하고 관심 있는 것들에는 끊임없이 질문을 던졌으면 좋겠다. 그리고 그 질문으로 계속해서 나의 의지와 열정을 확인하며 내가 살아있음을 느끼길 바란다.

즉각 실행하는 열정 만수르

두 번째 붙여진 별명은 열정 만수르다. 이 별명은 매사에 열정이 넘치는 나를 보고 내 주위 동료들이 붙여준 별명이다. 이 회사에 면접을 볼 때 썼던 자기소개서를 다시 읽어보니 내가 열정 만수르인 이유가 납득이 갔다. 자기소개서에는 내가 나를 이렇게 표현하고 있었다.

"안녕하세요. 365일 내내 빗자루를 들고 서 있는 지원자 장소희입니다. 누군가 저에게 마당을 쓸라고 하기 전에 이미 빗자루를 들고 마당을 쓸겠습니다."

그리고 입사 후 가만히 할 일이 주어질 때까지 기다리지 않았다. 신입사원이 할 수 있는 일이 비록 큰일은 아니었지만 작고 사소한 일이라도 맡아서 하겠다고 했고, 무슨 일이든지 내게 주어졌을 땐 일단 무조건 해보겠다고 했다.

나중에 영업부에 발령받고 나서 있던 일이다. 영업부 대리님이 이제 서울과 경기권을 영업 다녀야 하고 나중에 명절 때는 거래처에 김, 식용유, 꿀 등 선물 세트들을 돌려야 하는데 지하철을 타고 다니면 힘드니까 운전면허를 따서 회사 차를 이용하라고 하셨다. 퇴근하기 10분 전에 그 말을 듣고는 퇴근길에 바로 운전면허 학원에 가서 등록했다. 그리고 한 달 뒤 운전면허를 따서 대리님께 보여드렸다. 대리님은 그 한마디에 내가 바로 운전면허를 딸 줄 전혀 몰랐다면서 이렇게 바로바로 행동으로 옮기는 나를 신기하게 여기면서 대단하다고 말씀하셨다.

나만의 셀프업 필살기 3가지

나를 셀프업하게 해주는 나만의 필살기 세 가지는 '질문하고, 배우고, 행동하라'이다. 어려운 일은 아니지만 나를 크게 셀프업 시켜줄 수 있는 확실한 방법이다. 나는 살아가면서 매 순간 많은 질문들을 던지고 배운다. 그리고 배워서 나에게 필요하다고 생각되는 일은 바로 행동에 옮긴다. 머리로만 알고 몸으로 행동하지 않는다면 그건 아무 의미가 없다.

질문을 던지는 일에도, 먼저 나서서 마당을 쓰는 일에도, 그리고 무엇보다 말 한마디에 움직이는 일에도 열정이 필요하다. 다른 누구도 아닌 내가 내 삶을 주인공으로 살아가는 데 있어서 내면의 열정은 정도의 차이일 뿐이지 열정 없이 포기한 채 될 대로 되겠지 하며 손 놓고 살아가는 사람은 없을 거라고 생각한다.

누가 나에게 심어주는 열정은 잠시 반짝일 수는 있어도 그다지 오래가지는 못하기 때문에 내가 내 마음에 집중하고 계속해서 열정을 느껴야 한다. 가장 큰 동기부여는 내면에서 간절히 외치고 있는 마음의 소리다. '질문하고, 배우고, 행동하기'로 내가 가진 열정을 느끼면서 어제보다 오늘 더 셀프업하자.

Q&A

- 내가 평소에 많이 하는 질문은?
- 내가 가장 열정을 느끼는 일은 무엇인가?
- 나만의 셀프업 필살기 3가지는 무엇인가?

확률 게임으로 달성한 300% 영업률

내 전화는 스팸일까 영업일까

회사에서 영업부로 발령을 받고 가장 먼저 한 일은 하루에 30통씩 전화를 거는 것이었다. 아침에 출근하면 매주 발행되는 해운업계의 잡지 가장 뒤편의 부록을 오려냈다. 약 200장이 넘는 이 책의 부록에는 'ㄱ'부터 'ㅎ'까지 동종업계 회사의 주소와 연락처가 빼곡하게 적혀 있다. 'ㄱ'에만 하더라도 수백 개의 정보가 있는데, 나는 출근 첫날부터 날마다 하루에 자음 하나씩을 오려내 난생 듣도 보도 못한 회사들에 전화를 돌리는 것으로 업무를 시작했다.

나의 첫 영업은 정말로 '맨땅에 헤딩'이었다. 바쁜 평일 업무 시간에 내가 누군지도 모르는 사람들한테 전화해서 미팅을 잡아야 했다. 전화를 거는 내 입장에서 생각해보더라도 이건 마치 '스팸 전화' 같았다. 근데 이 '스팸 전화' 같은 통화로 얼굴을 마주하는 '미팅'을 이끌어내야 했다. 전화를 받아 이야기를 들어주는 것만으로도 고마울 지경인데 미팅이라니, 심지어 영업부로 발령받은 첫 달은 2021년 3월로 코로나가 극심하던 때여서 매일 폭발적으로 늘어나는 코로나 확진자 수로 미리 잡혀 있던 미팅도 취소되는 분위기였다.

일단 부록에 적혀진 회사를 인터넷에 검색하고 어떤 회사인지, 취급하는 품목은 무엇이고 주로 어느 나라와 수출입을 진행하는지 파악했다. 그러고는 바로 전화를 건다. 상대방이 '바빠 죽겠는데 도대체 이게 무슨 전화야'라고 느끼기도 전에 우리 회사와 내가 누구인지 설명을 끝마쳐야 했다. 보통 엘리베이터 피치가 1분 30초라고 하는데, 얼굴도 보이지 않는 통화에서 상대방이 가만히 전화기를 들고 내 이야기를 듣고만 있는 1분은 굉장히 지겹고도 긴 시간이 될 수 있기에 무조건 내 소개는 30초 이내로 끝냈다.

그나마 다행인 건 회사가 업계 내에선 규모도 큰 편이었고 잘 알려져 있기에 회사 이름을 대면 전화를 끊는 일은 거의 없었다. 하지만 30통 전화를 돌려서 서른 군데를 미팅할 수 있는 일은 현실에서 절대 일어나지 않는다. 그날 하루 30통의 전화를 걸면 스무 군데에서 전화를 받고, 그중에 열 군데만이 내 이야기를 들어준다. 그리고 그 열 군데 중에서 약 세 곳만이 기꺼이 시간을 내어주겠다고 답한다. 그렇게 끝도 없는 확률 게임을 매일 매일 이어 나갔다.

1층부터 20층까지 '빌딩치기'

또 다른 확률 게임은 '빌딩치기'였다. 업계 특성상 몇 개의 지역에 거래처들이 모여있었다. 그러면 일단 빌딩 하나를 골라 들어가서 입구에서 층별 입주사를 살펴본다. 거래처들이 층별로 얼마만큼 모여있는지 확인 후 맨 위 20층에서부터 내려오며 문을 두드리고 인사를 한다.

전화 영업이 '스팸 전화' 같았다면, 빌딩치기는 '잡상인'같이 느껴졌다. 미리 약속을 잡고 방문하는 것이 도리인 줄은 알지만, 연락이 닿지 않거나 한 번의 거절만으로 영업을 포기할 수는 없었다. 그래서 문을 두드리거나 벨을 누르고 무작정 회사 브로슈어와 명함을 들이밀었다.

하나의 빌딩에 거래처가 열 개 모여있다면, 그중에 다섯 군데만이 명함을 받아주고, 단 한 곳만이 안으로 들어오라고 제안했다. 심지어 문도 열어주지 않고 문전박대당한 경험은 수도 없이 많았다. 그러면 문 틈새에 브로슈어와 명함을 밀어 넣고 다시 아래층으로 발걸음을 돌렸다. 그렇게 옆동, 옆동의 옆동까지 그 구역에 있는 빌딩들을 오르내렸다.

하지만 여기서 끝이 아니었다. 기꺼이 시간을 내어준 그 한 곳에서 어떻게든 우리 회사의 서비스를 소개하며 거래를 성사시켜야 했다. 이마저도 단 한 번으로 끝나는 일이 없었다. 한 번 방문하고 나면 그다음에 또 미팅을 잡아서 방문하고, 안부 전화를 하고, 스케줄 및 운임표 등을 매번 업데이트 해주어야 그나마 내 이름이라도 기억하는듯 했다.

어차피 확률 게임이라면

어차피 확률 게임이라면 전화 영업이든 빌딩치기든 발 빠르게 누구보다 많이 움직이는 수밖에 없었다. 거래처의 규모가 크든 작든, 호의적이든 냉소적이든, 물량이 있든 없든 일단 가리지 않고 연락하며 찾아다녔다. 한번은 왕복 6시간을 걸려 곤지암에서도 더 깊이 들어가야 하는 공장을 찾아갔다. 오는 길이 험하니 애써 찾아오지 않아도 된다는 만류에도 불구하고 뵙고 인사드리겠다며 길을 나섰다. 명동에서 버스를 타고 판교로, 판교에서 지하철을 타고 곤지암역으로, 곤지암역에서 택시를 잡아타고 공장으로 들어갔다.

인적이 드문 곳이라 택시 기사님께 양해를 구했고 감사하게도 미팅하는 시간 동안 기다려주셨다. 거래처 담당자들을 직접 찾아 뵙고 인사드리니 사실 그동안 업무에 애로사항이 있었는데 이렇게 찾아와 도움을 주어 고맙다고 하셨다. 3시간을 걸려 도착한 공장에서의 미팅은 30분 만에 끝이 났고, 그 자리에서 계약이 성사되진 않았지만 아쉬움은 전혀 남지 않았다. 6시간이 걸려 찾아갔든

10시간이 걸려 찾아갔든 단박에 계약이 성사되지 않을 것이라는 사실을 잘 알고 있었고, 그날도 여느 때와 다를 바 없이 그저 확률 게임을 이어 가기 위한 하루일 뿐이었기 때문이다.

쪼개기 스킬

끝도 없는 확률 게임을 이어 나간 지 3개월쯤 됐을 때부터 나를 먼저 찾아주는 거래처들이 생겨나기 시작했다. 처음 전화 영업이나 빌딩치기를 할 때는 거절하거나 문의가 없었을지라도 그 후에 필요한 순간이 생기면 나를 기억하고 찾아준다는 게 정말로 감사한 일이었다. 점점 모르는 번호로 전화 오는 일들이 많아지면서 영업부로 발령받은 지 5개월 만에 1억 매출을 달성했다. 그 당시 회사에서 내게 제시한 월 목표 매출은 3천만 원이었으니 약 300%가 넘는 달성률이었다.

영업부 실적 회의를 할 때 내 옆에 쓰여있는 100,000,000이라는 숫자를 한참이나 보고 또 봤다. 아무도 모르는 곳에 가서 나를 알지도 못하는 사람들에게 회사를 소개하며 영업을 해서 1억이라는 큰 액수의 거래를 만들어 냈다는 게 믿기 힘들 정도로 신기했다.

5개월 만에 1억이라는 매출을 달성하고도 변한 건 없었다. 그 이후로는 더욱 어떠한 의심도 하지 않고 똑같이 전화를 돌리고 빌딩을 오르내렸다. 그렇게 매일 같은 일을 반복했고, 퇴사하던 마지막 달에는 4억 4천만 원이라는 매출을 올렸다. 그때 회사가 제시한 목표액은 6천만 원이었다.

자동차왕 헨리 포드는 말했다. 어떤 일도 작은 일로 쪼개면 그렇게 어려운 일이 아니라고. 처음부터 '내가 3천만 원을 어디에 가서 어떻게 영업을 하지. 그건 너무 큰 액수야. 누가 나를 믿고 그렇게 큰 거래를 해주겠어'라고 생각했다면 아마 1천만 원 매출도 올리기 힘들었을지 모른다.

하지만 3천만 원을 일단 100만 원이든 10만 원이든 작게 쪼갰다. 작게 쪼개고 보니 '이 정도면 가능하지 않을까?' 하는 자신감과 기대, 희망이 생겼고, 거래처에 가서도 주눅 들지 않고 당당하게 영업하며 작은 거래라도 성사되도록 설득할 수 있었다. 그리고 만약 계약 단가가 적다면 단순히 거래량을 늘리면 될 일이었다. 거기에 함께 나의 하루도 쪼개어서 썼다. 하루에 할 수 있는 만큼 최대한 많은 전화를 돌렸고, 갈 수 있는 만큼 최대한 많은 곳을 방문했다.

이 세상에 아무리 큰일이더라도 쪼개고 보면 작은 일이 된다. 그리고 그 작은 일은 누구라도 해낼 수 있는 일들이다. 그것도 아니라면 내가 할 수 있는 일이라고 느껴질 때까지 작게 쪼개면 된다. 쪼개기를 반복해서 마침내 아주 작고 사소한 일이 되었을 때, 그럼 그것부터 시작하면 된다. 그렇게 해도 충분하다. 눈앞의 쪼개어진 작은 일들을 해내다 보면 그 작은 조각들이 모이고 모여 어느새 반드시 큰일을 해내고 있을 것이다. 꿈은 크게 꾸고, 행동은 작게 쪼개자.

Q&A

- 1분 엘리베이터 피칭으로 나를 소개해보자.
- 내가 확률 게임이라고 생각하는 일은?
- 나의 3년 중단기 목표는?
- 3년 뒤 목표를 이루기 위해 오늘 당장 해야 할 일은?

거절해주셔서 감사합니다

거절의 악순환

영업을 하러 돌아다니면서 수없이 많은 거절을 당했다. 전화 영업이나 빌딩치기를 할 때도 거절은 당연했고, 미팅까지 했지만 거래 성사가 되지 못하면 모두 거절인 셈이었다.

처음에는 전화 영업을 할 때 긴장되고 떨려서 할 말을 다 하지 못하고 끊기도 하고, 상대방이 조금이라도 냉소적이거나 비호의적인 태도로 응하면 지레 겁을 먹고는 바로 포기했다. 더 이상 소개나 설명을 잇지 않고 "다음에 다시 연락드리겠습니다", "감사합니다!" 하고 통화를 서둘러 마무리했다. 얼굴도 보이지 않는 통화일 뿐인데 말 한마디로 거절당하는 게 두려웠다.

그렇게 몇 번을 서둘러 통화를 끝냈더니 그날 전화 영업으로 남는 소득이 없고 영업일지에 쓸 이야기도 없었다. 분명 하루종일 전화를 열심히 돌리긴 했는데 거래처별 특성 또는 업무 담당자 이름도 모르고 있었다. 당황한 나머지 머리가 새하얘져 겁을 먹고는 지금 나랑 통화하고 있는 담당자 성함도 물어보지 못하고 통화를 끊었기 때문이다.

이런 경우에는 다음에 다시 전화를 걸면 지난번 나랑 통화했던 담당자가 누구인지 몰라서 행여나 헷갈리는 실수를 하게 될까 봐 다시 연락을 하는 게 더 어려워진다. 그럼 또 먼저 연락하기를 피하게 되고 악순환의 반복이다.

거절은 끝이 아닌 기회

하지만 내가 수많은 거절을 당하면서도 빼놓지 않고 꼭 하는 행동이 있다. 그건 바로 얼마나 어떻게 거절을 당했다 할지라도 대화 끝에 진심을 담아 '감사합니다'라고 인사하는 일이다. 서비스직이니까 으레 하는 감사 표현이 아닌, '(거절해주셔서) 감사합니다'였다. 내게 주어진 몫과 할 일은 해야만 했기 때문에 매번 거절당했다고 해서 그대로 가만히 포기하고 손 놓고 있을 수는 없었다. 그래서 거절을 당해도 일주일 뒤, 한 달 뒤 또 영업을 들어갔다.

그렇게 하다 보니 거절을 당하는 게 영업을 더 이상 할 수 없는 '끝'이 아닌, 한 번 더 연락을 할 수 있는 '기회'라는 생각이 들기 시작했다. 거절을 당하면서도 '감사함'을 느끼게 된 이유는 거절의 진정한 의미를 알았기 때문이다. 많은 사람들이 나의 제안을 거절하면서도 꼭 덧붙이는 말이 있었다. '지금은 상황이 안 되어서요', '나중에 기회되면 연락 드릴게요' 등의 말들이다. 상대방이 거절을 하는 이유는 다양했다. 그들이 거절을 할 수 밖에 없거나 해야만 하는 이유를 알고 나니 더 이상 거절이 속상하거나 두렵지 않았다.

다만 내가 중요하다고 생각한 것은 상대방이 거절하는 '이유'는 꼭 알아야 한다는 것이다. 그래야 거절 속의 기회를 찾을 수 있다. 거절을 당한 뒤부터가 진짜 영업 시작이었다. 거절을 당한 이유를 알았으니 그에 대한 협의와 협상을 하면 되기 때문이다. 물론 그 협상도 한 번만으로 이루어지는 법은 없지만 못할 것도 없었다.

거래처에서 거절을 해야만 하는 이유를 들어보면 사실 큰 문제도 아니다. 그들이 원하는 딱 한 부분만 시원하게 등 긁어주면 되는 것이었다. 결코 나의 영업이나 설득 또는 능력이 부족해서가 아니었다. 나의 '제안'에 대한 거절이지, '나'에 대한 거절이 아니었다.

이렇게 거절이 당연해지고 익숙해지니 자연스레 감사한 마음이 들었고, 거절 속의 기회를 찾아 나섰다. 오히려 거절당하겠다는 마음을 먹고 영업을 나서니 거절당함에 집중하기보다 예상치도 못한 기회가 주어졌을 때 더 큰 기쁨으로 다가왔다.

거절은 의사표현일 뿐이다

보통 사람들은 거절을 당하게 되면 상처받거나 의기소침해지기도 한다. 그러나 거절은 어쩌면 당연한 일일지도 모른다. 거절은 나쁜 일이고, 승낙은 좋은 일이 아니다. 거절은 단순히 그 상황에 의한 행동 또는 의견일 뿐 부정적인 의미만을 담고 있지는 않다. 거절과 승낙 모두 개인의 자유이므로 승낙을 해야만 하는 무조건적인 권리는 없다.

한편으로는 본인 스스로는 거절을 당하기 두려워하면서도 의도치 않게 거절을 하거나, 거절해야만 하는 순간들도 여럿 있을 것이다. 나도 거절을 잘하는 성격이 못되어서 난처했던 경험들이 있었는데, 거절을 할 때마다 죄책감을 느껴야 되는 게 아닌 것처럼 거절이 당연한 상황도 있음을 알아야 한다. 반대로 내게 영업 전화가 걸려오거나 누군가 나를 찾아와 부탁을 하는 일이 생겼을때 내게 꼭 필요한게 아니라면 마땅히 거절을 해야 할테니 말이다.

조금 더 거절을 의연하게 받아들이고 무뎌질 필요가 반드시 있다. 거절이 두려워 아무것도 시도하지 않는다면 결국 아무것도 얻지 못한다.

거절당하기 챌린지

거절이 두려운 사람들에게 추천해 주고 싶은 책이 있다. 일명

'거절 가이드'로 활동 중이며 〈100일 동안 거절 당하기〉 프로젝트로 잘 알려져 있는 지아 장의 《거절 당하기 연습》(임지연 옮김, 한빛비즈, 2017)이다.

저자인 지아 장은 엄청나게 수줍음을 타고 내성적인 성격으로 원래는 거절을 무서워하는 성격이었다고 한다. 그런데 자신의 사업을 준비하면서 냉혹한 현실에 부딪히고 거절을 당하기 시작했다. 하지만 거절 당하는 걸 두려워하다가 더 많은 기회를 잃게 될까 봐 당당히 거절에 맞서기로 마음을 먹고 '거절 당하기 챌린지'를 시작했다. 그의 목표는 100일 동안 거절 당하기였다.

첫째 날은 사무실 경비원에게 100달러 빌리기였다. 당연히 거절당했다.

둘째 날은 햄버거 가게에 가서 햄버거가 너무 맛있으니 공짜로 리필해달라고 했다. 이번에도 거절당했다.

셋째 날은 크리스피 도넛에 가서 올림픽 오륜기 모양과 색깔로 도넛을 주문 제작해달라고 했다. 당연히 거절당했을까? 점원이 답했다.

"언제까지 받으셔야 하죠?"

지아 장은 생각지도 못하게 3일 만에 성공을 했다. 거절을 당해도 마땅할 만한 부탁에 생각지도 못한 승낙을 얻은 것이다. 그리고 그렇게 얻어진 기회나 승낙은 말로 할 수 없을 정도로 감격스럽다.

지금까지 거절당할까 두려워 시도조차 못한 것이 있다면 당장 실천해보길 바란다. 당신이 생각한 것보다 매번 거절당하는 일이 은근히 어려울 수도 있다. 의외의 승낙이 돌아올 줄 해보지 않고 어떻게 알겠는가? 무엇보다 거절을 당한다는 것은 시도를 했다는 것이고, 많은 시도 끝에야 더 많은 것을 얻을 수 있다는 사실을 잊지 말자. 오늘부터 나만의 거절당하기 챌린지를 시작하자!

Q&A

- 거절이 두려워 시도하지 못했던 일이 있는가?
- 나는 누군가의 부탁을 거절한 적이 있는가?
- 거절하지 못해 겪었던 난처한 상황은?
- 나만의 거절 당하기 챌린지는 무엇이 있을까?

(거절당하기 챌린지는 거절을 당할만한 사소한 일들을 겪으며 거절에 익숙해지기 위함이다. 예를 들면, 아는 지인 3명에게 저녁 사달라고 하기 / 식당에서 혼밥하는 사람에게 합석 제안하기 / 지나가는 행인한테 응원의 한마디 부탁하기 / 유튜브 채널에 먼저 출연 제의하기 / 친한 친구에게 100만 원 빌려달라고 해보기 / 헬스장에서 모르는 사람한테 운동 알려달라고 하기 / 카페에서 점원이 좋아하는 음료로 만들어 달라고 하기 등.)

나이아가라 폭포를 빠져나오는 방법

최고의 순간 퇴사를 결심하다

피, 땀, 눈물 흘리던 신입사원 시절을 다 겪어 보내고 이제야 나를 둘러싼 모든 게 안정적이고 능력을 인정받아 승진까지 했을 때, 나는 퇴사를 결정했다. 전공을 살린 첫 직장에서 열심히 일을 배웠고, 이제 겨우 자리 잡아 좋은 부서에서 훌륭한 팀장님들을 만나 최고의 실적을 내고 있던 내가 퇴사를 한다고 하니 다들 크게 놀라며 도저히 이해가 안 된다는 표정으로 물었다.

"왜 퇴사하는 거예요?"

그럴 만하다. 내가 퇴사를 한다고 하면 진작에 했어야 할 일이다. 매일같이 혼나고 눈물 흘리고 큰 소리를 듣던 그때, '소희 씨 괜찮아요?'라는 말을 듣던 그때가 오히려 나의 퇴사를 예상케 했던 나날들이다. 하지만 오히려 그 신입사원 시절에는 퇴사해야겠다는 생각이 없었다. 퇴사는커녕 어떻게 하면 일을 더 빨리, 잘 배울 수 있을지만 고민했다. 오로지 이 회사에서 나의 능력을 인정받는 일이 내 목표였다.

그런데 나의 열정이 빛을 발하려던 그 순간 정적이 찾아왔다. 한 가지 목표만을 좇아 달리던 내게 '끽~' 하고 브레이크가 밟혔다. 나는 내가 회사에서 할 일을 잘 해내서 목표한 성과를 이루어내고 인정을 받으면 마냥 행복하기만 할 줄 알았다. 그런데 내가 바라던 순간이 눈앞에 찾아왔음에도 기쁨보다는 허무함이 더 컸다.

나만의 길을 걸어간다

내 인생 교과서라고도 할 수 있는, 변화 심리학의 최고 권위자인 앤서니 라빈스의 저서 《네 안에 잠든 거인을 깨워라》(조진형 옮김, 씨앗을뿌리는사람, 2008)라는 책에 실린 내용은 모두 인생 교과서로 삼을 정도로 좋지만, 그중에 특히나 한 구절을 꼭 소개하고 싶다. 바로 '나이아가라 증후군' 이야기다.

> "인생은 강물과 같다. 우리는 어디로 가 닿겠다는 구체적인 생각 없이 그냥 인생의 강물에 뛰어든다. 얼마 흘러내려 가지 않아서 여러 가지 사건과 두려움, 도전 등 이런저런 일을 만나게 된다. 우리는 강

물이 갈라지는 분기점에 접어들게 되어도, 가고 싶은 곳이 어디인지, 어느 방향으로 가는 것이 옳은지 제대로 결정하지 못한다. 그냥 '강물을 따라 흘러갈 뿐이다'. (중략) 이렇게 생각 없이 살아가다가 어느 날 갑자기 물살이 빨라지고 요동치는 소리를 듣고 놀라 깨어나게 된다. 그제서야 바로 몇 미터 앞에 나이아가라 폭포가 있음을 발견하지만 강변으로 배를 저어 나갈 노조차 가지고 있지 않다. 아! 하고 한탄하지만 때는 이미 늦었다. 우리는 강물과 함께 낭떠러지 폭포로 추락한다. 때로는 감정의 추락이기도 하고 신체적인 추락, 또는 경제적인 추락이 될 수도 있다. 살면서 어떤 도전을 받더라도 상류에 있을 때 좀 더 나은 결단을 내렸더라면 추락은 면할 수 있었을 것이다."

-《네 안에 잠든 거인을 깨워라》, 60쪽

이 책에서 보통의 사람들은 어디로 가 닿겠다는 구체적인 생각 없이 그냥 인생이라는 강물에 뛰어든다고 말한다. 그렇게 살아가다 보면 얼마 흘러내려 가지 않아 인생에 있어 여러 가지 일들을 맞닥뜨리게 되고, 막상 가고 싶은 곳이 어딘지, 어느 방향이 옳은지 제대로 결정하지 못한다고 한다. 그러다 어느 날 갑자기 물살이 빨라지고 요동치는 소리에 놀라 정신을 차리지만, 코앞의 낭떠러지를 피할 방법이 없고, 빠져나올 방법조차 모른다는 것이다.

내가 퇴사라는 결단을 내리게 된 것도 이 때문이다. 나는 내 인생이 마치 세계에서 최대 유량을 자랑하는 거대한 나이아가라 폭포에 휩쓸리듯 방향성을 잃은 채 그저 센 물살에 흘러가고 있다고 느꼈다. 안정적인 회사는 내게 나이아가라 폭포와 같았다. 이대로는 어디로 흘러가는지도 모르게 방향성을 잃고 그대로 떠내려갈 것만 같았다. 폭포 아래의 낭떠러지로 떨어지기 전에 결단을 내려야만 했고, 그 결단이 나에게 있어서는 퇴사였다.

회사에서 내 능력을 인정받고야 말겠다는 일념 하나로 몇 년 동안 피, 땀, 눈물 흘려가며 내 모든 열정을 쏟아붓는 동안 정작 '나'라는 사람을 잃어버리고 있었다. 회사에서 인정받는 일이 진짜로 내가 원하고 행복해지는 일인지 되물었다. 내가 가진 이 뜨거운 열정이 어떤 방향을 원하는지도 되물었다.

눈을 떠서부터 잠들기까지 고민에 고민을 거듭했다. 무작정 노트를 펴고 Q&A들을 적으며 자문자답을 하기도 하고, 때로는 제3자가 되어 나라는 사람을 인터뷰하기도 했다. 심지어 주말이면 밖에 나가 친구들을 만나 시간을 보내던 내가 집에서 온전히 혼자만의 시간을 보내며 끊임없이 나와의 대화를 주고받았다. 결단을 내리는 그 순간까지 수많은 질문들을 스스로에게 던져가며 보다 현명한 답을 구하려 애썼다. 그 어느 때보다도 내 마음의 소리에 귀 기울였다. 나를 가장 잘 알고 있는 사람도, 진정으로 무얼 원하는지 아는 사람도 나뿐이다. 결국 선택에 대한 책임도 전부 내 몫이고, 내 인생을 책임질 수 있는 것도 나 자신이므로 주변의 환경이나 시선 그리고 조언에 휘둘리지 않고 내면 깊은 곳에 집중했다.

그리고 매우 오랜 고민 끝에 답을 찾았다. 이 회사에서 인정받는 것보다 내가 나 스스로를 인정할 수 있는 일이 더 중요하고, 뜨거운 열정이 나를 향하게 하는 것이 진짜로 내가 원하는 일이자 행복해질 수 있는 일임을 깨달았다. 나는 그 순간 다른 길을 걷겠노라고 다짐했다. 지금 당장은 비록 남들과 다른 길일지라도 그게 나의 길이라면 뒤도 돌아보지 않고 걸어가야 한다는 굳은 확신이 있었다.

결단 없는 새로움은 없다

퇴사라는 것은 결코 내게 쉬운 결단이 아니었다. 인생에서 이제껏 없던 중대한 결정이었다. 주변에서 이 회사에 뼈를 묻을 것처럼 열심히 한다는 말을 들을 정도로 회사에 대한 열정이 남달랐을 뿐만 아니라 현실적으로 퇴사를 하게 되면 당장 다음 달부터 먹고 사는 일도 걱정해야 하는 막막한 처지였다.

나는 퇴사를 하기 전부터 생활비에 대한 걱정을 하느라 밤을 새우는, 여지없이 명백한 '월급 노예'였다. 물론 '월급'이 문제가 아니라 '노예' 마인드를 가진 내가 문제였다. 한동안 퇴근하고 집에 가면 불안함과 초조함에 시달리기도 했다. '다음 달부터 백수가 되면 난 무얼 먹고 살아야 하지?', '이 회사를 그만두면 내가 할 수 있는 일은 뭐가 있을까?', '내가 다른 일을 시작할 수 있을까?' 등의 생각들로 많은 밤들을 지새우고 뒤척였다.

하지만 오만가지 걱정들을 하다 보니 시간만 흘러가고, 상황이 변하는 건 아무것도 없었다. 가만히 걱정만 하고 있자니 마치 끝도 없는 캄캄한 터널을 매일같이 걷는 기분이었다. 오히려 그 상황 속에서 나는 점점 더 작아지고 위축되고 있었다.

사실 수중에 있는 돈으로 몇 개월을 먹고 살 수 있을지 예상해서 계획한다고 한들 그때에 맞춰 내가 다른 일을 시작하게 되리라는 보장도 없었고, 모든 일이 내가 계획한 대로 되지 않으리라는 것도 잘 알고 있었다. 평생을 안정적인 월급에 기대어 노예처럼 살고 싶지 않았다. 무엇보다 지금 이 상황을 벗어나서 내가 원하는 진짜 내 모습으로 행복해지길 원했다. 아무리 다음 달 먹고 살 일이 걱정이라고 하더라도, 이 회사를 그만두고 나와서 무슨 일을 해야 할지 몰라 막막하더라도 벗어나야만 했다.

더 이상 물러설 곳이 없었기에 나는 퇴사라는 배수의 진을 쳤다. 행동 없는 결단은 진정한 결단이라고 할 수 없다. 그래서 나는 결단을 내림과 동시에 행동으로 옮겼다.

내 인생의 물살은 내가 바꾼다

퇴사 후 내 인생은 180도 달라졌다. 불과 3개월 전까지만 하더라도 방방곡곡을 누비며 영업을 하고 있던 내가, 지금은 책상에 앉아 글을 쓰고 있다. 누군가 내게 "하는 일이 뭐예요?"라고 물으면

"그냥 회사 다녀요"라고 답하던 내가 이제는 "저는 책을 써요. 그리고 하고 싶은 일을 하며 행복하게 살아요"라는 대답을 한다. 내가 회사를 그만두고 나와서 하게 된 일이 그토록 염원하던 책을 쓰는 일일 줄이야. 이런 일이 일어나리라고는 상상도 하지 못했다.

그때 만약 내가 선택하지 않았더라면, 결단을 내리지 않았더라면 지금 내가 책을 쓸 수 있었을까? 내 인생은 지금쯤 어디로 흘러가고 있을까? 지금 내가 마주하고 있는 현실이 놀라워 이따금씩 시간을 거슬러 올라가 결단을 내리던 그 순간을 회상한다.

퇴사를 하기 전부터 해오던 오만가지 걱정들 중에 실제로 내게 일어난 일은 1%도 되지 않는다. 오히려 미처 일어나리라 예상치 못했던 문제들이 나타나기도 했지만, 그건 상황이 주어지는 대로 그때그때의 여건에 따라 하나하나씩 해결해 나가면 될 문제들이다. 이제 와보니 걱정만 하느라 흘려보낸 시간들이 아깝게만 느껴진다.

지금 마음속으로 수많은 걱정과 고민거리들이 있다면, 그래서 도대체 내 인생이 어디로 흘러가고 있는지 도무지 모르겠다면 스스로에게 묻고 또 물어서 현명한 답을 찾아내었으면 좋겠다.

결국 답은 내 안에 있다. 내 마음의 소리에 귀를 기울이는 것만이 가장 현명한 답을 찾을 수 있는 방법이다. 그리고 그 답은 전혀 예상치도 못했던 더 좋은 방향으로 나를 이끌어줄 것임을 믿어야 한다. 아무리 거센 물살을 만났다고 할지라도 튼튼한 노를 잡고 원하는 방향으로 마음껏 휘저어 나가길 바란다. 내 인생의 물살은 내가 바꿀 수 있다.

Q&A

- 나는 지금 어디를 향해 열정적으로 달리고 있는가?
- 남들과 다른 나만의 길은 어떤 길인가?
- 현재 인생의 물살을 바꾸고 싶은가?
- 인생의 물살을 바꾸기 위해 지금 당장 내려야 하는 결단은?

3장

나의 한계를 인정하고 동시에 확장하는 인간관계

대화를 나누고 싶은 사람이 되는 방법

모든 인간관계는 대화로 시작된다

인간관계의 시작은 무엇일까? 바로 대화다. 한두 마디씩 주고받는 대화 속에서 우리는 엮이게 되고, 그로 인해 하나의 관계가 형성되기 시작한다. 그리고 인간관계의 끝도 마찬가지로 대화다. 대화의 단절이 곧 관계의 단절이 되기도 하고, 대화로 인해 하나의 관계가 끝이 날 수도 있다. 심지어 처음 나누는 짧은 몇 마디 대화로도 우리는 이 대화를 이어갈지 말지, 이 관계를 지속할지 아닌지 판단하기도 한다. 그러므로 대화의 시작이 곧 관계의 시작이고 대화의 끝이 곧 관계의 끝이라고 할 수 있다.

이처럼 대화는 인간관계의 시작과 끝을 결정하므로 인간관계에서 빼놓을 수 없는 가장 중요한 요소이다.

말은 누구나 할 수 있지만, 누구나 대화를 잘하지는 않는다. '말'

이라는 건 얼마든지 혼자 내뱉을 수 있지만, '대화'는 서로가 마주하여 주고받는 것이기에 당연히 어려울 수밖에 없다. 대화하는 일이 어렵고 힘들어서 인간관계를 시작조차 못 하거나 끝이 나버리기도 한다. 친하지 않은 사람과는 어색해서 도저히 5분 이상 마주보고 대화를 이어 나가지 못한다든가, 친해지고는 싶은데 말 섞기가 어렵다든가, 친한 사이임에도 불구하고 대화로 상처를 주고 받는다든가, 심지어 연인이나 부부 사이에서도 대화가 안 통해서 헤어지는 경우가 셀 수 없이 많다.

나는 평소 주변 친구들이나 지인들 사이에서 대화를 잘하는 사람으로 인정받는다. 어느 누구와도 얼마든지 대화를 잘 이어 나가고 처음 보는 사람과도 곧잘 소통한다. 대화 끝에 '너랑 대화하면 시간 가는 줄 모르겠어'라든가 '분명 처음 보는 사이인데 대화가 참 편하다' 또는 '너랑 대화하고 나면 기분이 좋아져'라는 이야기를 많이 듣곤 한다. 그럼 나 역시 이렇게 대답한다.

"'나도 마찬가지야."

대화는 쌍방이므로 결코 한 사람만 좋을 수 없다. 한 사람만 좋다고 느낀 대화라면 그것은 결코 건강한 대화는 아닐 것이다. 만약 한쪽만 좋았다고 느낀 대화라면 상대는 분명 하품을 하거나, 먼 산을 바라보거나 아니면 머릿속으로 다른 생각을 하고 있었을지 모른다.

즐거운 대화를 위한 5가지 기술

나에게는 즐거운 대화를 나누기 위한 5가지 기술이 있다. 대화에 있어서 가장 기본이자, 내가 가장 중요시하는 대화의 태도이다. 이것만 지키면 누구나 백 점짜리 대화를 할 수 있다.

먼저 대화의 본뜻은 '마주 대하여 이야기를 주고받음'이다. 그러려면 무엇부터 해야 하겠는가? 그렇다. 바로 '눈 마주치기'이다.

첫 번째, 대화는 상대방의 눈을 바라보며 주고받아야 한다. 상대방이 나에게 집중하지 않고 바라보지 않는데 혼자 말하면 그건 혼잣말이나 다름없다.

보통 우리는 듣기 싫은 말이나 대화를 피하고 싶을 때 눈을 마주치지 않고 먼 산을 바라보거나 딴청을 피운다. 그러니 대화할 때 눈을 마주치지 않는다면 말하는 상대방이 오해할 수 있으니 당신의 이야기를 잘 듣고 있다는 제스처로 눈을 꼭 마주쳐야 한다.

눈을 마주치면 또 좋은 점은 상대의 표정을 함께 파악할 수 있다는 것이다. 말로만 듣는 것보다 표정을 함께 볼 때 효과적으로 대화가 전달될 수 있다. 이때 뒤로 기대앉거나 비스듬히 비틀어 앉지 말고 몸도 살짝 그 사람을 향해 있는 편이 좋다. 그러면서 동시에 적절히 고개를 끄덕여주면 대화를 할 기본자세가 완성된다.

두 번째, '경청'이다. 대화가 서로 주고받는 것일지라도 우선 귀 기울여 듣는 게 중요하다. 실제로 나는 대화에서 내가 말하는 비율보다 듣는 편에 더 많은 비중을 둔다. 경청해야 한다고 해서 가만히 듣고만 있으라는 말은 아니다. 중간중간 적절한 반응과 질문을 섞어 주어야 한다. 때로는 되묻는 방법도 좋다. 이때 주의해야 할 점은 중간에 말을 끊고 끼어들면 안 되고, 질문을 하려고 내가 할 말만 떠올리고 있어도 안 된다. 내가 하고 싶은 말만 떠올리고 있는 건 제대로 듣고 있는 게 아니다.

경청의 효과는 엄청나다. 나는 들어주었을 뿐인데 상대는 말을 하면서 스스로 감정을 해소하기도 하고, 그 과정을 통해 답을 찾는다. 사실 답은 스스로 찾아낸 것임에도 들어준 내게 고마워하며 해결사라고 믿는다. 만약 답을 찾지 못했더라도 일단 속 시원하게 털어놓는 것만으로도 어느 정도 해소가 되어 충분히 고마워할 것이다. 그러니 가끔 누군가 나에게 고민 상담을 하거나 하소연을 늘어놓는다면 구체적인 해결책을 제시하는 것보다 경청하는 쪽이 더 효과적일 수 있다. 심리 상담사나 선생님이 좋은 해결사인 것은 현명한 답을 알려주어서가 아니라 어떤 말이든 포용하며 들어주기 때문이다.

세 번째, '공감하기'이다. 귀 기울여 경청한 뒤에 내가 할 수 있는 적절한 리액션으로 공감을 해주어야 한다. 이때 반복되는 어휘보다는 다양한 표현이 좋다. 내가 많이 쓰는 표현은 '아 정말?', '그랬구나', '그럴 수도 있겠다', 또는 '좋다!', '대단하다', '최고야' 등이 있다. 만약 상대가 하는 말이 잘 이해가 안 되고 공감이 어려운데

공감을 해주어야 할 때는 상대의 표정을 따라 하면 된다. 그러면 감정 이입의 효과가 있어서 상대는 지금 내가 공감받고 있구나 하고 느낄 것이다.

네 번째, '칭찬하기'이다. 이 세상에 칭찬을 싫어하는 사람은 없을 것이다. 칭찬을 받고 어색해하거나 부끄러워할 수는 있지만, 칭찬받기를 원하지 않는 사람은 없다. 그런데 우리는 막상 칭찬하기를 주저할 때가 많다. '내가 칭찬을 해서 저 사람이 불편해하면 어쩌지?', '좋은 의도가 담긴 내 칭찬을 오해하지는 않을까?' 하면서 말이다. 하지만 진정성 있는 칭찬 한마디는 우리의 기대보다 상대방을 더 기쁘게 할 수 있고, 우리의 생각보다 그 칭찬은 아주 오래도록 듣는 이의 마음속에 남는다.

칭찬의 효과를 단 한마디로 완벽하게 표현한 문구가 있다.

"좋은 칭찬 한마디에 나는 두 달을 기쁘게 살 수 있습니다."

- 마크 트웨인

이 말은 어느 상황에서나 적용될 수 있겠지만 한 가지 예를 들어보자면, 요즘 회사에 막 입사한 신입사원들이 꽤 금방 지쳐 나가떨어지는 경우가 많은데 이때 신입사원의 능력을 탓하거나 책임감을 요구하기 이전에 칭찬 한마디를 했더라면 아마도 그 신입사원은 자신의 노력에 대한 보상을 받았다는 생각으로 더 마음껏 역량을 펼칠 수 있을 것이다. 채찍질이 필요한 순간도 분명 있겠지만, 그 전에 먼저 당근을 건네보는 건 어떨까 싶다.

칭찬에는 화려한 표현도 필요하지 않고 얼마든지 서툴러도 괜찮다. 아주 엉성하게 말하더라도 상대방에게는 매끄럽게 해석되어 전해질 것이다.

이제껏 주변 친구나 가족들, 또는 지인들에게 마음속으로만 간직하며 주저했던 칭찬이 있다면 오늘은 꼭 칭찬 한마디를 건네보길 바란다. 그동안 말하기 주저했던 칭찬이 없다면 우연히 마주치는 누군가에게라도 기분 좋은 칭찬을 건네보는 하루가 되길 바란다. 칭찬 한마디로 상대의 하루는 완전히 달라질 수 있고, 더불어 내 기분까지 좋아지는 일일 테니 말이다.

다섯 번째, '이해하고 받아들이기'이다. 대화를 하다 보면 당연지사 내 의견과는 다른 말들이 오고 갈 수 있다. 아무렴 이 세상에 맞는 말 틀린 말이 어디 있을까. 틀렸다고 생각되는 말들에 하나씩 반박하는 건 나만 피곤해지는 일이다. 또 그런 대화 방식으로는 어느새 누구와도 대화를 할 수 없는 처지가 될 수 있다. 그러니 무조건 반박하기보다는 일단 이해하고 수용하는 태도를 갖추고 그 다음에 나의 의견을 제시하거나 설득하는 방법을 택해야 한다.

모든 인간관계에 있어 한 사람의 마음을 여는 것도 대화이고,

닫아버리는 것도 대화이다. 위에 언급한 기본이자 필수 조건인 5가지를 늘 염두에 두고 현명한 대화를 하며 튼튼한 인간관계를 다져나가길 바란다. 대화는 곧 존중이고, 내가 먼저 존중해야 나도 존중받을 수 있음을 잊지 말자.

Q&A

- 나만의 즐거운 대화를 위한 스킬이 있는가?
- 내가 대화를 나누고 싶은 사람의 유형은?
- 건강한 대화를 위해 내가 노력해야 하는 부분은?
- 내가 들었던 최고의 칭찬은?

비교하지 않고 내 삶을 지키는 방법

람보르기니보다 내 손 안의 오렌지 주스 한 잔이!

중남미 국가 파나마에서 해외 인턴으로 6개월 정도 지내면서 가장 많이 배운 점은 남과 비교하지 않고 행복하게 사는 법이다. 이때 경험 이후로 내 삶을 행복하게 하는 것은 내가 누구보다 좋은 집에 사는지, 얼마만큼의 비싼 차를 타는지, 그리고 어떤 유명 브랜드의 옷을 걸치는지가 절대 아님을 깨닫게 되었다.

내가 함께 지낸 파나마 사람들은 늘 삶에 만족하며 하루하루를 행복하게 보냈다. 어느 날 할아버지께 "파나마 사람들은 항상 다 행복해 보여요. 이 사람들에겐 매일이 춤을 추고 노래를 부르는 파티 같아요"라고 말했다. 그랬더니 할아버지께서 그 이유에 대해 설명해주셨다.

"내가 30년 가까이 중남미 국가에서 지내면서 깨달은 것은 그들은 자기 자신을 누구와도 비교하지 않는다는 거야. 만약 내 옆에 아주 멋지고 화려한 샛노란 색의 람보르기니가 지나가더라도 지금 당장 내 손 안의 시원하고 달콤한 오렌지 주스 한 잔에 더 큰 행복을 느끼지. 남이 무엇을 가지고 있든, 내가 가진 것에 만족하고 즐길 줄 아는 사람들이란다."

그때 마침 이른 저녁을 먹고 차를 타고 가던 중이었는데, 그 순간 구름에 가려져 빈틈으로 새어 나오는 엄청나게 붉고 빛나는 해질 녘 노을을 잊을 수가 없다. 누구든지 행복하게 살 수 있는 엄청난 비밀을 알게 된 것만 같았다. '나라면 옆의 람보르기니를 부러워하지 않을 수 있었을까? 내 손 안의 오렌지 주스가 유독 덜 달게 느껴지지는 않았을까?'하는 생각이 들면서 낯부끄러워졌다.

부끄러운 기분에 붉어진 얼굴이 채 가라앉기도 전에 할아버지께서 또 다른 일화를 이야기해주셨다. 어느 날은 할아버지가 분홍색의 체크 셔츠를 입고 출근을 했는데, 집에서 입을 땐 몰랐는데 회사에 와보니 괜스레 더 화려하고 튀는 것처럼 느껴져서 옆자리 직원에게 오늘 내 셔츠가 어떻느냐고 물어보셨단다. 혹시나 어울리지 않는다거나 이상한지 말이다. 그랬더니 그 직원이 할아버지 셔츠를 흘깃 쳐다보더니 이렇게 말했다.

"KEN, 오늘 너의 셔츠가 어떤지 관찰하거나 특히 내일까지 너의 셔츠 문양을 기억하는 사람은 아무도 없어. 그러니 그냥 네가 입고 싶은 걸 입어."

우리는 누가 어떤 색깔의, 어떤 체크 패턴의 옷을 입었는지 세밀하게 들여다보지도 않으면서도 내가 입은 옷이 괜히 불편하게 느껴지고 신경 쓰이는 날이 더러 있다. 유독 걸치고 나간 옷이 마음에 안 들어서 계속 옷매무새를 신경 쓰다가 괜히 기분까지 다운되어버리기도 한다. 결국은 그 사소함 때문에 그날 있었을 더 큰 기쁨이나 행복을 만끽하지 못했을 수 있다는 생각을 하면 남의 시선을 의식하고 비교하는 게 얼마나 부질없고 쓸데없는 일인지 알 수 있다.

삶의 만족도 1위 파나마

갤럽과 헬스웨이 글로벌은 세계 135개국 13만 3,000명을 대상으로 세계 삶의 질(well being) 지수 조사를 실시했다. 설문은 삶의 목적, 사회적 관계, 경제 상황, 공동체, 건강 5개 항목에서 삶의 만족도를 묻는 것이었으며 3개 이상 항목에 대해서 만족한다고 답한 비율을 나라별로 발표했다. 가장 높은 비율의 응답률이 나온 국가가 바로 파나마였다. 파나마는 복지 강국인 덴마크를 제치고 경제 상황을 제외한 나머지 4개 항목 만족도에서 세계 1위를 차지했다. 심지어 상위 10위권 국가 중 7개국이 중남미 국가라고 한다(출처 "세계 삶의 질 만족도 1위 파나마…한국 75위", 〈한겨레〉 2014.9.8.).

더욱 놀라운 이야기를 하자면, 파나마는 5개의 가문이 90% 이상의 부를 차지할 만큼 빈부격차가 매우 크고, 신분 상승조차 불가능해 보이는 유리천장 구조를 가지고 있다. '유리천장'이란, 1970년대에 미국 경제 주간지에서 만들어낸 신조어로, 그때 당시 여성과 소수민족 출신들의 고위직 진출을 가로막는 조직 내 보이지 않는 장벽을 뜻한다.

실제로도 내가 회사에 근무할 때 건물을 관리하는 원주민 출신의 청소부 월급과 회사 내 직원들의 월급 차이는 믿기지 않을 정도로 엄청나게 컸다. 이와 반대로 덴마크는 세계 최대 복지 강국으로 세계에서 가장 빈부격차가 적은 나라이다. 그럼에도 불구하고 파나마 사람들이 삶의 만족도가 더 높고 행복함을 느끼는 이유는 내가 겪은 바에 의하면 '비교하지 않는 삶' 때문이다. 내가 누구보다 더 적게 벌든 많이 벌든 그것은 전혀 문제가 되지 않고, 나를 불행하게 만드는 원인이 아니다. 특히 공동체간의 결속력이 매우 끈끈하므로 누가 누구를 빗대어 우월감을 느낀다든가, 열등감을 느끼는 일은 거의 없다.

이에 반해 한국은 75위에 머무른다는 사실이 참 씁쓸하다. 어느 정도 수준인가 하면 3개 이상 항목에서 만족한다고 답한 비율이

14%이며, 이는 태국(22%)이나 러시아(16%)보다 낮은 수준이다. 그나마 높은 항목이 경제 상황 만족이며 37% 정도이다.

앞의 조사는 2014년 결과치다. 그렇다면 2023년 현재는 한국인들의 삶의 만족도가 올라갔을지 찾아보았다. 2023년 3월 20일 통계청이 발표한 〈국민 삶의 질 2022〉 보고서에 따르면 한국인의 삶에 대한 만족도는 경제협력개발기구(OECD) 회원국 중 최하위에 머물고 있는 것으로 나타났다. 경제 규모로는 상위권인 우리나라가 정작 삶의 만족도에서는 늘 하위에 머무는 이유는 무엇일까?

집, 차, 옷뿐만 아니라 직업을 선택할 때마저도 우리는 많은 비교를 한다. 직업을 고를 때 진짜 내가 하고 싶은 일이라서 선택하는 사람이 과연 몇이나 될까? 누가 보기에 그럴듯하고, 돈을 잘 번다고 해서, 아니면 부모님이 원해서 그 일을 선택하는 사람들도 적잖이 많을 것이라고 생각한다.

나는 회사를 그만두고 새벽에 쇼핑몰 창고에서 아르바이트를 할 때나 짬뽕집에서 아르바이트를 할 때 현타를 느낀 순간들이 있다. 없다고 하면 거짓말이다. 그런데 그 현타는 전부 다 사회적인 시선에서 오는 것이었다. 내 회사 후임이 나를 보고 실망하지나 않을까 걱정했던 마음도 전부 남의 시선으로 날 바라봤기 때문이다.

그런데 솔직히 말하면 나는 회사를 나와 아르바이트를 하는 동안 겉으로도 속으로도 얼마나 웃고 있었는지 모른다. 진짜로 마스크를 쓰고 있는 게 다행일 정도였다. 창고에서 온통 먼지를 뒤집어쓰면서도, 뜨겁고 무거운 짬뽕 그릇들을 나르고, 손님들이 먹다 남긴 음식을 치우고, 한파가 계속되던 날 야외 화장실을 청소하느라 손이 꽁꽁 얼어 빨개져 한참을 녹여야 했던 그 순간에도 나는 웃고 있었다. 집에 가서 글을 쓸 생각에 설레고, 스치듯 떠오르는 단어나 영감이 되는 주제들을 상상하느라 싱글벙글 즐겁기만 했다. 또 내가 선택해서 하게 된 일이니 최선을 다했고, 열심히 아르바이트를 하는 그 상황 자체만으로도 나는 행복함을 느꼈다.

만약 내가 사회적 시선이나 남의 눈을 신경쓰느라 아르바이트를 하는데 망설이거나, 일을 하면서도 현실을 비판하고 부정했다면 얼마나 괴로웠을까 싶다. 결국 비교는 나를 불행 속으로 집어넣는 일이다.

보이는 게 다가 아닌 세상

할아버지가 해주신 또 다른 일화가 생각난다. 할아버지가 미국에 출장을 가셨을 때의 일이다. 맥도날드에서 햄버거 세트를 주문해 자리에서 먹고 있었는데 유리창 너머에 누가 봐도 아주 비싸고 휘황찬란한 슈퍼카에서 아빠와 딸로 보이는 부녀지간이 내려 맥도날드로 들어왔다. 그들은 우연히 할아버지 옆에 앉았고, 할아버지는 아버지로 보이는 사람에게 "슈퍼카가 너무 멋지네요. 혹시 실례가 안 된다면 어떤 일을 하시는지 알 수 있을까요?"라고 물었다.

저 정도 차를 모는 사람이라면 어떤 직업일지 상상하는 것쯤은 어렵지 않을 것이다. 아마도 전문직 종사자? 대기업 임원? CEO? 재벌 2세? 영화배우? 그 정도의 어디쯤일 것이라고 누구나 짐작할 것이다.

그때 그 남자가 답했다.

"저는 건물 청소를 합니다. 딸과 함께요. 얼마나 행복한 일인지 몰라요. 보통 새벽 일찍 건물을 청소하므로 그 누구와도 마주치지 않아서 스트레스받을 일도 없으며, 무엇보다 한 블록에만 몇십 개의 높은 빌딩들이 빼곡하게 있는데 얼마나 돈 벌기 좋은 일입니까? 게다가 딸과 함께 할 수 있어서 너무나 즐겁습니다."

적어도 그 사람은 세상에서 가장 자랑스러운 일을 하는 사람이자, 가장 행복한 사람이다. 이 일화는 보이는 것이 세상의 전부가 결코 아니고, 남의 시선을 의식하거나 비교하지 않고 자기 만족하며 사는 삶의 진가를 알게 해준다.

더 이상 사회나 다른 사람들의 평판이나 눈초리를 신경 쓰지 말고, 나만의 잣대를 우선순위로 하여 선택을 하고 그 선택에 후회 없이 만족하며 살아가길 바란다. 이것이야말로 세상에서 가장 행복한 사람이 될 수 있는 방법이다.

나만의 주행속도

저마다 삶의 속도는 다르다. 시속 몇 킬로로 달릴지는 나만이 정할 수 있다. 내 삶을 살아가는 데 가장 중요한 것은 내 의지와 결단일 뿐, 아무도 나를 대신하여 달려줄 수 없기에 남이 정한 속도로 달린다는 건 애초에 말이 안 되는 소리다.

내가 느끼기에 가장 안정적인 페이스로 속도를 유지하며 앞만 보고 달려나가면 된다. 좌우, 앞뒤로 힐끗거리며 누가 누가 나를 제쳐가는지, 혹은 나보다 느린지 비교하고 있을 이유도 여유도 없다. 두리번거리며 잠시라도 한눈팔다가는 미처 알아차리지 못한 돌부리에 걸려 넘어질 수 있다. 또, 욕심을 내 앞서려고 하다가는 괜히 숨만 차서 헥헥 거리며 지쳐서 평소 속도도 내지 못하고 주저앉아 숨을 고르느라 정신없을 것이 분명하다. 내 속도에 맞춰 가다가도 빨간불에 신호가 걸리면 잠시 기다려야 한다. 신호를 무시하고 앞차를 따라갈 수는 없는 법이다.

우리에게 통상적으로 정해진 사회적 나이는 19살까지라고 생각한다. 사회가 정한 대로 우리는 8살이면 초등학교에 입학하고, 19살이면 고등학교를 졸업하는 것처럼 성인이 될 때까지는 사회에서 정한 대로 그 나이에 맞는 신분이 주어진다. 하지만 그 이후의 속도와 방향은 모두 내 선택이자 자유다. 20살이 되어서부터는 대학교에 입학을 할지 말지, 하고 싶은 일을 시작할지 말지 모두 나의 선택으로 이루어진다. 10살이라고 하면 초등학교 3학년인 걸 누구나 알 수 있는 나이이지만, 25살이라고 하면 누구나 알 수 있는 신분도, 모습도, 의무도 존재하지 않는다.

그러니 나한테 맞는 속도로 내가 원하는 방향대로 살아갔으면 좋겠다. 사회적 시선을 신경 쓰느라 하고 싶은 일을 주저하고, 남과 비교하느라 내가 가진 것을 외면하지는 않았으면 한다. 우리에게는 긴 인생이 주어져 있으니 중간에 빨간불에 걸렸다고 행여나 늦을까 노심초사하며 걱정하거나 중간에 포기하지 말고, 빨리 달리느라 숨차 하지도 말고, 나에게 맞는 주행속도로 나아가길 바란다. 모두가 가진 주행속도는 다 달라서 나를 앞서 나가던 사람도 다시금 마주칠 수 있고, 나보다 느리기만 하던 사람이 어느새 나를 앞서가고 있을 수도 있는 법이다. 그러니 속도에 너무 연연하지 말고 올바른 방향으로 앞만 보고 내 갈 길을 가야 한다. 인생은 롱런이다.

Q&A

- 남의 시선을 신경 쓰느라 불편했던 순간이 있는가?
- 남과 나를 비교하느라 괴로웠던 경험이 있는가?
- 나만의 기준으로 갖고 싶은 행복한 직업은?
- 나는 지금 알맞은 주행속도로 달리고 있는가?

미움받을 용기

노력으로 안 되는 인간관계

회사에 다니면서 나를 가장 힘들게 했던 건 일이 아닌 사람이었다. 정확히는 '나를 미워하는' 사람 때문이었다. 내가 누군가에게 이유도 모른 채 미움받은 경험은 그때가 처음이었다. 같은 부서였던 그 선배는 내가 수습 기간이 지나고 과장님과 팀이 되어 일을 하기 시작할 때부터 마치 점찍어 놓기라도 한 듯이 나를 싫어했다. 누가 보면 나한테 전생에 악연이라도 있는 사람 같았다.

처음에 아무 영문도 몰랐던 나는 내가 노력하면 해결되는 일인 줄 알았다. 그 선배가 한기가 서린 눈빛으로 나를 쏘아볼 때마다 나는 속으로 무진장 상처를 받으면서도 얼굴에는 희미한 미소를 띠었다. 내가 좀 더 살갑게 다가가면 매섭던 그 사람의 눈빛도 녹을 줄로만 생각했다. 내가 언제 어디서 어떻게 밉보였는지, 어떤 잘못을 했길래 나를 이렇게도 미워하는지 그 이유를 내게서 찾으려 안간힘을 썼다.

입사한 첫날부터 쭈욱 시간을 거슬러 올라가서 기억을 더듬고 또 더듬었다. 점심시간에 밥을 먹다가도, 퇴근 후 저녁에 집에 돌아와 침대에 누워서도 '왜 나를 미워할까?'라는 의문을 품은 채 잠이 들었다. 하지만 내가 아무리 노력해도 돌아오는 건 내 귀에 닿아 깨져버린다 해도 이상하지 않을 만큼 차가운 얼음장 같은 한마디였고, 그 한마디가 비수가 되어 날아와 내 가슴에 깊이 꽂혔다.

나에게 이유를 찾지 못하자 이번엔 그 사람을 이해해보려 노력했다. '도대체 왜 그러는 걸까?', '무슨 이유가 있는 걸까?' 수없이 되뇌었다. 하지만 이조차도 번번이 실패했다. 도저히 나를 왜 그렇게까지 미워하고 싫어하는지 이유를 모르니 납득이 가지 않았고, 그 사람 입 밖으로 나오는 안 좋은 말들과 나쁜 표정을 당최 이해할 수가 없었다. 처음 느껴보는 모멸감에 수도 없이 많은 눈물을 흘리면서도 어린 마음에 그 선배와 잘 지내보려 참 부단히도 애썼다.

그때까지만 해도 나는 내가 모든 사람들과 다 잘 지낼 줄로만 알았다. 하지만 그건 어디까지나 내 착각이었다. 이 세상에 나를 미워하는 사람이 있다는 사실을 부정했고, 심지어 이유도 알 수 없으니 더 받아들이기가 힘들었다.

이제껏 학창 시절에는 내 자유에 의해 인간관계를 선택하고, 그 테두리 안에서 지내왔다면, 사회에 나와 회사에서의 인간관계는 내 의지와는 상관없는 필연이었다. 좋고 싫고를 떠나서 같이 일을 해야만 하는 어쩔 수 없이 묶인 인간관계다. 그리고 그 필연적인 인간관계에 구태여 힘쓰지 않아도 된다는 걸 나는 상처투성이가 되고 나서야 깨달았다.

사람을 미워하는 마음은 지옥이다

한순간은 문득 나도 모르게 어느새 마음속으로 그 사람을 증오하고 있음을 느꼈다. 내가 누군가를 미워하기 시작하자 오히려 나는 점점 망가지기 시작했다. 누군가를 미워한다는 건 나를 미워하는 일보다 더 최악이었다. 그 사람을 떠올리고 미워하며 보낸 시간들, 분노에 가득 차 잠 못 이룬 시간들은 내 인생에서 가장 헛되이 흘려보낸 시간들이다.

누군가를 미워하는 마음 하나 때문에 만신창이가 되어가는 내 모습을 보는 것이 더 힘든 일이었다. 그래서 나를 지키기 위해 내가 미움받는 이유를 찾지 않았고, 똑같이 그 사람을 미워하지 않기로 마음먹었다. 그리고는 '나를 미워할 수도 있는 거구나' 하고 인정해버렸다.

그러자 더 이상 내 마음은 지옥에 머무르지 않았다. 그 뒤로는 그 사람의 눈빛에서 한기를 느끼지 못했다. 그 선배의 눈빛이 바뀌어서가 아니다. 그 상황을 받아들이는 내 태도가 바뀌었기 때문이다. 잘 지내려 애쓰지도, 다가가지도, 희미한 미소를 띠지도 않았다. 철저히 업무적으로 필요할 때만 말을 섞을 뿐, 그 선배는 더 이상 내 안중에 없었다. 나를 미워하는 사람까지 내 인간관계 속에 구겨 넣기엔 내가 더 신경 써야 할 소중할 사람들로도 마음의 공간이 부족했다.

나중에 알고 보니 그 선배는 내가 입사하기 전 과장님과 한때 같이 일을 했었는데, 내가 들어오고 나서 과장님과 잘 지내고 과장님이 내게 잘 해주는 모습이 영 보기 싫었었나 보다. 사실 아직까지도 나를 미워했던 이유를 난 알지 못하기에 이것 또한 대략적인 내 추측일 뿐이다.

교차로에서 잠시 마주친 인연

세바시(세상을 바꾸는 시간 15분)의 오프라인 강연을 직접 들으러 경기도 시흥에 갔을 때 일이다. 그날 강연의 주제는 '배움을 보다'였고, 마음속으로 존경하던 분들이 내 눈앞에서 명강연을 펼치다니. 말로 다 할 수 없는 황홀한 저녁 밤이었다. 맨 마지막으로 이금희 아나운서가 나왔다. 세상에서 가장 우아하고 멋진 목소리로 이야기보따리들을 하나씩 풀어내었다. 그러다가 '교차로 이야기'에서 나는 눈물을 쏟을 수밖에 없었다. 평소 슬픈 영화를 봐도, 감동적인 장면을 봐도 마음속으로만 울지 바깥으로는 절대 눈물 한 방울 흘리지 않는 내가, 생각지도 못한 곳에서, 생각지도 못한 이야기를 듣고는 왈칵 울고야 말았다.

이금희 아나운서는 젊은 시절 '부장님 증후군'이 걸릴 정도로 아주 차가운 사람과 함께 일을 했다고 한다. 3년 6개월이라는 오랜 시간 동안 단 한 번 웃음 짓는 모습을 본 적이 없고, 칭찬은커녕 되레 야단만 치던 부장님이었다. 그 사람 때문에 힘들어하는 모습을 본 후배 피디가 '교차로 이야기'를 해주었단다.

"그냥 교차로에서 잠시 만난 것뿐이에요."

그 부장님과 이금희 아나운서는 각자 제 갈 길을 가던 중 교차로에서 잠시 만난 것일 뿐, 그 교차로를 지나면 다시는 보려야 볼 수도 없는 사이가 된다는 말이다. 그때 당시 이금희 아나운서는 무슨 교차로가 3년 6개월이나 걸리냐며 괴로워하기도 했지만, 지나고 보니 '그래, 그런 분이 계셨었지' 하는 추억 또는 기억 정도로 남게 되었다고 한다. (이 강연을 듣고 싶은 분들은 '세바시 1557회' 〈한마디 말로 사람은 성장해요〉 이금희 아나운서 편을 보면 된다.)

이 교차로 이야기가 내게 얼마나 큰 위안이 되었는지 모른다. 나도 이제는 그 선배와 마주치려야 마주칠 수 없는 서로 다른 각자의 길을 걷고 있기 때문이다. 그 당시엔 내가 왜 이런 사람을 인생에서 만나서 이렇게 힘든 시간들을 보낼까 하며 원망도 엄청나게 많이 했지만, 지금 그 선배를 떠올려보면 내가 걷고 있는 길에서 아무런 영향도 주지 않는 그저 스쳐 지나가는 사람일 뿐이다.

그리고 나는 이제는 안다. 앞으로도 살아가면서 교차로에서 수많은 사람들을 많이 마주치게 될 것이라고. 하지만 나를 괴롭게 하는 사람이라면 반드시 잠시 스쳐 가는 인연일 뿐, 내 인생에 들어올 만한 인연이 아니기에 크게 연연하지 않고 더 씩씩하게 내 가던 길을 걸어가면 된다는 것을 말이다.

미움 받고 나서 알게 된 진정한 행복의 의미

내가 궁금증을 억누르며 어언 10년 가까이 읽지 않았던 책이 있다. 2014년 출간 후 역대 베스트셀러가 될 정도로 뜨거운 반응을 일으킨 책이었지만, 제목이 싫어서 집어 들지 않았었다. 바로 알프레드 아들러의 《미움받을 용기》이다. 왜 사람이 미움을 받아야만 하며, 미움을 받는 데에 왜 용기가 필요한 건지 줄거리도 모르면서 제목이 마음에 안 든다는 이유만으로 읽고 싶으면서도 꾹꾹 참아왔다.

그랬던 그 책을 이제는 좀 미움받을 용기가 생긴 것 같다고 느낀 날 드디어 집어 들었다. 그리고는 앉은 자리에서 빠져들어 완독하고 말았다.

이 책에서 '행복'이라는 것은 남의 눈치를 볼 필요도 없고, 애쓸 필요도 없이 오로지 나를 위해 존재하며 남이 내게 무엇을 해주느냐가 아니라 내가 남을 위해 무엇을 할 수 있는가를 생각하고 실천하는, 바로 공헌할 수 있는 존재가 된다면 그것이 행복이라고 말한다.

나는 미움을 받아보고 나서야 미움받을 용기를 갖게 되었고, 비로소 진정한 행복이 무엇인지 알게 되었다. 앞으로도 살아가면서 인간관계가 확장되면 확장될수록 넓고 얕은 사이에서는 누구든 나를 미워하는 상대가 얼마든지 또 나타난다고 하더라도 그 또한 인정하고 넘어갈 수 있는 사람으로 성장하고 있다.

무엇보다 회사를 나와보니 나를 미워하는 사람은 고작 한 명이었을지 몰라도, 나를 좋아하고 아껴주었던 사람들은 비교도 안 될 만큼 훨씬 더 많았다는 사실을 알게 되었고, 그 사실이 더 눈물 나게 감사했다. '누군가를 미워할 시간에 나를 아껴주는 사람에게 한 번 더 표현할 걸' 하며 미안한 마음도 들었다.

만약 누군가를 미워하고 있다면 그 무거운 마음은 잠시 내려두었으면 좋겠다. 그 사람을 미워할 만한 명확한 이유라든가 나만의 타당한 근거가 있다고 하더라도, 남을 미워하는 건 내 마음이 지옥이 되는 일이나 마찬가지이기 때문이다. 아니면 혹시 지금 누군가에게 이유도 모른 채 미움받고 있다면 지금 한때 스쳐 지나가는 인연일 뿐이라고 생각하며 상처받지 말고 가벼이 넘겼으면 좋겠다.

Q&A

- 노력으로 안 되는 인간관계 때문에 힘들었던 경험이 있는가?
- 나에게 있어서 교차로에서 잠시 마주친 인연은 누구인가?
- 지금 나는 누군가를 이유 없이 미워하고 있지는 않은가?
- 내가 생각하는 진정한 행복이란?

오프라인 커뮤니티, 소모임을 적극 활용하라

인생을 바꾸는 3가지 방법

나는 어떻게 하면 지금보다 더 잘 먹고 잘살 수 있을지 매일같이 궁리한다. 그러다 어느 날 문득 인생을 바꿀 수 있는 방법이 있을지 궁금해졌다. 그래서 무작정 인터넷에 '인생을 바꾸는 3가지 방법'을 검색했다. 그리고 많은 블로그들을 들락날락하며 최대한 그럴싸하고 납득이 가는 방법들을 찾아냈다.

첫째, 내가 쓰는 하루의 시간을 바꾸기.

둘째, 내가 사는 곳을 바꾸기.

셋째, 내가 만나는 사람들 바꾸기.

결론적으로 말하자면, 난 이 방법을 알고 난 후 3가지 모두 바꾸었다. 그중 가장 먼저 바꾼 것은 내가 만나는 사람들이었다.

그리스 철학자나 많은 문학가와 예술가들을 비롯해 친구와 관련된 명언은 인류사에 차고 넘친다. 내가 가장 많은 시간을 함께 보내는 다섯 사람의 평균이 곧 자신이라는 말이 있는 것처럼, 어떤 사람을 내 곁에 두는지는 내게 직접적으로 매우 큰 영향을 줄 수 있는 중요한 문제다.

회사를 그만두고 나와 새로운 일을 시작하게 되었을 때, 나와 엇비슷한 경험을 가지고 있는 학창시절 고향 친구들이나 회사 친구들이 아닌, 다양한 분야에 몸을 담고 있는 사람들을 만나 새로운 경험에 대해 이야기를 나누어보고 싶었다. 다른 세계를 접하려면 지금까지와는 다른 인간관계가 필요했다. 그동안 상황이나 취향만으로 친구들을 사귀어 왔었다면, 이번에는 어느 정도의 목적의식과 필요성을 가지고 새로운 인간관계를 찾아 나섰다. 내게 필요한 사람들을 내가 선택해서 만나며 정보를 얻고자 했고, 내가 도움을 받거나 더 나아가 서로 도움을 주고받을 수 있는 인맥이 필요하다고 생각했다.

새로운 사람들과 연결되기

일단 어디서 어떻게 새로운 사람을 만날 수 있을까부터 고민했다. 중요한 문제는 '사람'은 얼마든지 만날 수 있겠지만, 나와 지향하는 바가 같고 추구하는 결이 비슷한 사람을 만날 수 있을까 반신반의하는 마음이 들었다. 사람을 만나기에 앞서 이런 걱정이 앞섰던 이유는 인간관계에 있어 재고 따지는 것 없던 어린 시절에야 친구 사귀기가 쉬웠지만, 성인이 되고 나서부터는 점점 더 순수한 친구 사이를 맺기가 어려운 일처럼 느껴졌기 때문이다.

그러던 와중에 책을 읽으면서 오프라인을 기반으로 한 소셜 네트워크가 활발하다는 사실을 알게 되었고, 관련된 어플들을 다운로드 받았다. 내가 다운로드 받은 어플 목록들은 '클래스 101', '탈잉', '문토', '솜씨당', '남의 집'이었다. 처음 둘러보는 이 플랫폼들은 말 그대로 신세계였다. 젊은 MZ세대뿐만 아니라 나이에 상관없이 많은 사람들이 이제는 인간관계를 '선택'해서 맺기를 원한다는 것을 알게 되었다. 그들은 온라인에서 연결되어 오프라인으로 만나 비슷한 '취향'이나 '관심사'처럼 공통된 주제로 하나가 되어 함께하고 있었다. 하지만 나는 온라인에서 모르는 사람들끼리 이야기를 나누어 본 경험도 없었고, 심지어 누구인지도 모르는 사람들을 오프라인으로 만나 이야기를 나눈다는 일이 나로서는 굉장히 낯설기도 하고 경계되는 일이었다.

그러던 와중에 '솜씨당'이라는 플랫폼에서 '열정맨들 모여라!'라는 키워드의 모임에 참여해 보기로 마음먹었다. 신선하고 다양한 소셜링이 많이 개설되어 있었지만, 취미나 관심사보다는 '열정'이라는 키워드가 내 호기심을 자극했다. 다른 사람들은 어떤 열정을 얼마만큼 뜨겁게 가지고 있을지 무척 궁금했다. 그렇게 기대 반 걱정 반으로 나갔던 나의 첫 오프라인 모임은 100점 만점 중에 100점이었다. 그날 함께한 7명의 사람들은 직업도, 나이도, 성별도 모두 제각기 다른 사람들이었지만 '열정'이라는 키워드만으로 연결되었다. 그렇게 연결된 7명은 장장 4시간을 쉬지 않고 내리 대화 나누기에 바빴다.

내가 느낀 건 사람을 사귀는 데에는 출신 학교, 직업, 나이, 성별보다 중요한 포인트가 가치관, 취향 그리고 공통된 목표임을 깨달았다. 그리고 나와 뜻이 맞고 같은 방향성을 추구하는 사람들이 이 세상에 많다는 것도 알게 되었다.

같이의 가치

오프라인 소셜링에 좋은 인상을 가지게 된 나는 그 다음에는 기분 전환을 해보고자 친목을 목적으로 하는 오프라인 모임에 참여했다. 특별히 기대하지 않았던 두 번째 소셜링도 대성공이었다. 특히 내가 행운아였던 건, 소셜링을 주최하는 호스트가 그간 무려 20회가 넘는 소셜링을 열면서 다녀갔던 약 200명이 넘는 사람들 중에 소수를 꼽아 '갓생'이라는 키워드를 가지고 멤버를 모으는데, 그중 나에게 연락을 준 일이다. 내가 갔던 회차만 하더라도 10명 모두 다 각자의 자리에서 최선을 다하는 정말 멋진 사람들이었다. 그런데 그 200명이 넘는 사람들 중 나를 기억하고는 연락을 주고 함께하자는 말을 건네 준 일이 너무나 감사하고 기뻤다.

나는 그저 멋진 사람이 되고 싶어 하루하루 노력하는 사람일 뿐인데, 정말로 멋진 사람들과 함께할 수 있다는 사실에 설렜다. 호스트 1명을 중심으로 나머지 9명, 총 10명이 모였다. 우리 10명은 비슷한 또래이긴 하지만 직업은 서로 다 다르고, '갓생'이라는 목표 하나로 뭉쳐서 또 하나의 가치를 만들어가고 있다.

2022년 10월을 시작으로 지금까지 8개월이 넘도록 매일 아침 기상 시간 인증과 함께 하루 목표를 선언하며 하루를 시작한다. 매일 읽고 있는 책을 한 줄로 소개하거나 페이지 한쪽을 찍어서 올리기도 하고, 인상 깊게 읽은 책은 서로 돌려 읽기도 한다. 또 각자의 분야에서 도움이 될만한 정보들을 공유하기도 하며, 지식을 나누기도 한다. 매달 1회 다 같이 만나는 정기모임 자리에서는 그달의 목표를 선언하고, 지난달을 함께 회고한다. 이 외에 공통 관심사의 강연이나 행사에 함께 참여하기도 하고, 누가 어떤 일을 시작하고 있는지, 어디에 관심이 있는지, 고민거리는 무엇인지 늘 염두에 두고 자신이 도움이 될 만한 부분에서는 아낌없이 지원해준다. 혼자라면 하지 못했을 일들을 10명이 함께함으로 가능케 하며 더욱 가치 있는 일이 된다. 나의 고민이 모두의 고민이 되기도 하고, 나의 행복이 모두의 행복이 되는, 그 무엇보다 건강하고 유의미한 인간관계로 나를 한층 더 성장시키고 발전시켜 나아가고 있다.

나를 좋아하는 사람을 만나라

앞에서도 말했듯 이 세상에 나를 이유 없이 미워하는 사람이 있는가 하면 정말 아무 이유 없이 나를 좋아해 주고 응원해주는 사람들이 훨씬 더 많다. 그리고 그런 사람들을 내 곁에 두고 함께하는 내 삶은 그 어느 때보다도 풍요롭다.

나를 미워하는 사람들은 내 인생의 교차로에서 잠시 만난 스쳐가는 인연이었다면, 나를 지지해주고 나에게 힘이 되어주는 사람들은 같은 결승선을 향해 달리는 마라톤에서 만난 사람들 같다. 정신없이 앞만 보고 뛰어가지만, 늘 내 곁에, 내 앞에 혹은 내 뒤에서 나와 같은 곳을 향해 뛰고 있다. 그 사실만으로도 나는 지치지 않고 한 걸음 더 나아갈 수 있고, 어디서든 들리는 우레와 같은 함성소리에 힘을 입어 끝까지 포기하지 않을 수 있는 것 같다.

아프리카 속담 중에 '빨리 가려면 혼자 가고 멀리 가려면 함께 가라'라는 말이 있다. 아무리 대단한 사람이어도 나 혼자 할 수 있는 일은 그리 많지 않다. 하지만 나와 뜻이 같은 사람들과 함께라면 지치지 않고 오래, 멀리 함께 갈 수 있다.

나는 멋진 사람이 되고 싶어 나보다 더 멋진 사람들을 늘 곁에 두고 있다. 못난 무리에서 내가 잘난 사람이 되어 칭송을 받는 것보다 멋진 무리에서 내가 부족한 점이 느껴지더라도 그들을 통해 원동력을 얻고 함께 성장하는 일이 훨씬 더 보람차다.

더 나은 미래를 내 앞에 가져다 놓기 위해 새로운 사람을 만나고 새로운 자극을 받는 것만큼 나를 성장시키는 일은 없다. 기존의 인간관계에 갈증이 난다면 나와 함께 같은 결승선을 향해 마라톤을 뛸 사람을 찾아보기를 적극 추천한다. 당장의 내 상황이 어떻든 외로움을 느끼지 않고 함께 달려나갈 부스터가 될 것이다.

Q&A

- 인생을 바꾸는 3가지 방법 중 가장 먼저 하고 싶은 것은?
- 어떤 취향, 관심사, 가치관, 목표를 지닌 사람을 만나고 싶은가?

멘토를 만나 그의 30년치 인생을 배워라

멘토로부터 배우는 삶

나는 나만의 인생 멘토를 정해두고 마음속에 품고 살아간다. 먼저 말하고 행동하기에 앞서서 멘토를 떠올리며 '그분이라면 이런 상황에 어떤 말과 행동을 했을까? 그분이라면 이러한 상황을 앞두고 어떤 현명한 결정을 내렸을까?' 등의 상황들을 상상해본다. 멘토는 내가 본받고 싶은 사람이기 때문에 조금이라도 그 사람의 발자취를 따라 닮아가고자 노력하게 된다. 인생을 살아감에 있어서 존경하고 닮고 싶은 멘토가 있으면 내가 조금 더 나은 선택을 하고 옳은 방향 설정을 할 수 있도록 도움을 준다.

중, 고등학교 시절 나의 인생 멘토는 반기문 전 UN 사무총장과 힐러리 클린턴 전 미국 영부인이었다. 반기문 전 UN 사무총장의 《세계를 가슴에 품어라》(김의식 지음, 명진출판, 2008), 그리고 힐러리 클린턴 전 미국 영부인의 《여자라면 힐러리처럼》(이지성 지음, 산북스, 2007), 이 두 권의 책을 읽고 또 읽었다.

먼저 반기문 전 UN 사무총장은 나에게 지금의 BTS와도 같은 존재다. 요즘엔 한국을 빛내주는 인물이나 문화가 정말 다양하고 많아졌지만, 그 시절 나에겐 반기문 전 UN 사무총장이 한국을 빛내주는 존경스러운 인물이었다. 1944년 충청북도 음성에서 태어난 반기문 전 UN 사무총장은 6.25 전쟁으로 온 나라가 힘들었을 때도 절망스러운 현실에 굴하지 않았다. 자신이 가장 잘할 수 있는 일은 '공부'뿐이라고 생각했고, 중학교에서 처음 접한 '영어'라는 과목이 그의 인생을 빛내주는 전환점이 되었다. 본인이 처한 주변의 상황이 어떻든 간에 가장 잘할 수 있는 일에 열정을 쏟아부었다.

온 나라가 전쟁통인 상황에 어떻게 그렇게 휘둘리지 않고 묵묵히 자신의 길을 걸어갈 수 있었을까? 상황 탓, 남 탓, 시대 탓을 하며 자포자기하는 심정으로 허송세월을 할 수도 있었을 텐데 말이다. 그는 "성공과 실패의 차이는 부족함 그 자체에 있는 것이 아니라 그것을 채워 넣겠다는 열정이 있느냐 없느냐에 달려 있다"고 말한다. 반기문 전 UN 사무총장은 자신에게 없는 부족함을 따지지 않았고, 내가 할 수 있는 일, 하고자 하는 일에만 집중했다.

내가 열정 만수르라는 별명을 갖게 된 이유도 이때부터 내가 할 수 있는 일과 하고자 하는 일에 집중해 열정을 채워 넣겠다는 마인드를 배웠기 때문 아닐까 생각한다. 간혹 '열정'만 가지고 뭐가 되겠느냐는 말에 열정이 모든 일의 시작이고, 모든 일에 있어 시작하는 힘이 가장 중요하지 않겠느냐고 반문하고 싶다.

그리고 힐러리 클린턴 전 미국 영부인의 책 제1장 제목 '독수리의 날개를 펼쳐라' 이 한 문장을 15년이 다 되어가는 지금까지도 마음에 품고 산다. 당신이 상상하는 힐러리는 어떤 사람인가? 아마도 아주 똑똑하고 자신감이 넘치는 여장부의 모습을 떠올릴 것이다. 하지만 그녀에게도 도도새 같은 시절이 있었다. 모리셔스섬에서 퇴출당한 도도새 말이다.

사람으로 비유를 하자면, 사회에서 착하게 굴며 있는 듯 없는 듯 살아가고 자신의 날개로 날 수 있는 능력이 없는 나약한 존재다. 힐러리는 학창시절 누구보다 몇 배는 더 노력하는 학생이었지만, 전교 1등 자리는 늘 다른 누군가의 차지였다. 그리고 자신이 가장 잘할 수 있고, 또 가장 잘해야 한다고 생각한 '정치'에서도 실패를 겪었다. 대학교에서 가서야 힐러리는 독수리가 되기로 마음먹고 살아간다. 힐러리에게도 도도새 같은 시절이 있었음을 알았을 때, 그리고 도도새가 하늘을 나는 독수리가 될 수 있음을 알았을 때, 그때부터 나도 '독수리'로 살기로 다짐했다.

지혜로운 멘토는 말이 없다

정말 좋은 멘토는 멘티에게 가르침을 주거나 자신이 가지고 있는 어떠한 지식을 주입하려 노력하지 않는다. 멘티 스스로가 경험하고 배울 수 있도록 직접 행동으로 본보기를 보여줄 뿐이다. 그리고 그 행동에서 스스로를 대단한 사람으로 여기거나 과시하지 않는다. 자신을 굳이 뽐내어 드러내지 않아도 멘티가 존경스러운 마음을 가질 수 있도록 만든다. 이것이 내가 생각하는 진정한 '멘토'의 모습이다.

내가 파나마에서 지내면서 겪은 작은할아버지의 모습이 딱 이랬다. 나에게 무언갈 가르치지도 않으셨고, 배움이나 지식을 권하지도 않으셨지만, 평상시의 말과 행동으로 본보기를 보여주셨다. 또 나의 결정에 대해 잘잘못을 따지지 않으셨다. 나의 판단과 선택에 직접적으로 개입하지 않으면서도 올바른 길을 나아갈 수 있도록 묵묵히 지켜보며 길잡이 역할을 해주셨을 뿐이다.

이때 느낀 가장 중요한 건 멘토는 멘티를 지혜롭게 사랑해야 한다는 것이다. 사랑하고 아낀다는 마음에 멘토가 멘티가 되어 한 인격체로서 동일시해서 안 된다. 한 발자국 떨어져 멀리서 지켜보더라도 한시도 눈을 떼지 않는, 오히려 나와 거리를 두어 좀 더 넓은 시야로 나를 돌보고 지켜줄 수 있는 지혜로움이 멘티를 올바른 성장으로 이끌어 줄 수 있는 힘이다.

멘토는 도처에 있다

멘토를 꼭 누구에게나 존경받아 마땅한 유명한 위인으로 삼지 않아도 괜찮다. 나만의 기준을 정확하게 세워두고 그에 부합하는 사람이면 된다. 내가 존경할만하고, 배울 점이 많아서 닮고 싶은 사람이라면 그 사람을 멘토로 삼으면 된다.

주변에서 인성이나 행동거지가 올바르지 못한 사람을 보고 '저렇게 되지 말아야지'하며 조심하는 것보다, 내가 닮고 싶은 사람을 옆에 두고 닮아가는 편이 훨씬 좋다. 이렇게 생각하면 일상생활에서도 조금만 주위를 둘러보아도 나의 멘토를 금방 찾을 수 있다. 그리고 멘토와 멘티 관계는 멘티의 선택으로 이루어지는 것이지, 멘토가 먼저 나서서 스스로를 멘토로 칭하지는 않는다. 멘티가 원하면 그 사람이 멘토가 되어 관계가 성립된다.

친구와 북한산으로 등산을 갔을 때 일이다. 초입부터 힘들어하는 친구에게 산 중턱 즈음 가면 김밥이랑 아이스크림을 팔고 있다고 달콤한 말로 어르고 달래어 겨우겨우 산 중간에 위치한 매점까지 올라갔다. 그런데 이게 웬걸, 하필 그때 북한산 백운산장이 폐쇄되어 운영을 하지 않고 있었다. 순식간에 친구에게 거짓말쟁이가 되어버린 나는 당황해하며 일단 앉아서 숨을 돌리자고 했다. 친구는 의자에 쓰러져 숨을 몰아쉬었고, 나는 주변 경치를 감상하고 있었다.

그때 처음 보는 아저씨가 백운산장이 문 닫은 모습을 보고 무척 아쉬워하시길래 옆에 있던 내가 공감의 한마디를 건넸다. 그렇게 대화가 시작되었다. 친구가 숨을 고르는 사이 그분과 나는 서울 등산하기 좋은 코스에 대해 이야기를 나누었고, 어느새 대화가 '책'으로 이어져 있었다. 그분이 그때 읽고 있던 책이 제러미 다이아몬드의 《총, 균, 쇠》(김진준 옮김, 문학사상, 2005)라고 하자마자 손뼉을 치며 환호했다. 그리고 두 손을 모으고 눈을 마주치며 집중했다. 왜 냐하면 너무나 읽고 싶은 책이지만 751페이지라는 어마어마한 분량에 차마 엄두 내어 읽을 시도를 못하고 있었던 책이기 때문이다. 무엇보다 퓰리처상을 수상할 만큼의 역대 베스트셀러였기에 그 흥미로운 줄거리에 매우 관심이 있었다.

나는 친구가 숨을 고르고 화장실을 다녀오는 그 짧은 시간 내에 어떻게 유라시아 대륙이 문명을 꽃피울 수 있었는지, 지리적 위치가 인류의 문명에 얼마나 큰 영향을 끼칠 수 있었는지 들을 수 있었고, 이내 나는 감격했다. 처음 보는 낯선 사람과의 15분 남짓한 짧은 대화였지만, 그 잠깐 사이에 나는 그 사람에게서 배울 만한 점을 찾았고, 유의미한 깨달음을 얻었다.

그 아저씨와 산 정상까지 함께하며 여러 이야기를 나누고, 인연이 이어졌다면 좋았을 수 있겠지만 아쉽게도 힘들어하는 친구와 산 중턱에서 발걸음을 돌려 하산했다. 산 정상을 못 가서 못내 아쉬웠지만, 난 그날 등산으로《총, 균, 쇠》를 얻었다. 북한산은 이미 그 전에 몇 번을 정상에 올랐으니 그날은 그걸로 충분했다.

이후 이때의 기억을 되살려《총, 균, 쇠》를 사서 읽고 있다. 총균쇠는 서울대 도서관에서 10년째 대여 1순위이지만, 읽은 사람은 1% 미만이라는 말이 떠돌 정도로 산 사람은 많아도 읽은 사람은 많지 않은 책으로 유명하다. 더 재미있는 사실은 최근 들어 코로나 이후에 '총'까지 읽었던 사람들이 다시금 책을 꺼내어 '균'까지 읽게 되었다는 이야기가 항간에 떠돌고 있다는 점이다.

그날 이후로 친구와 나는 그 아저씨를 '북한산 김밥 아저씨'라고 부른다. 이렇게 우연찮은 장소와 상황에서도 우리는 얼마든지 멘토를 만날 수 있다. 존경할만하고 배울 점이 많은 스승 같은 분은 도처에 항상 있으니 조금만 고개를 돌려 찾아 나서보자.

한 사람을 만나 그 사람이 살아온 세월과 경험을 흡수하는 것은 한 번뿐인 인생을 살아가는 데에 있어서 엄청나게 많은 도움이 된다. 특히 멘토가 나보다 나이가 많은 사람의 경우, 내가 겪어온 삶의 경험이 아무리 풍부하다고 할지라도 더 오랜 인생을 살아온 어른과 비교하면 턱없이 짧고 모자람을 인정해야 한다. 누구에게나 1회차인 인생을 살아감에 있어서 내가 우러러봄직하고 존경할 만한 사람에게 순간순간의 조언을 구하고 높은 경험치를 바탕으로 현명한 대책을 구할 수 있다는 것은 매우 큰 행운이자 복이다.

하지만 항상 멘토의 의견을 따라서 본인의 선택이나 결정을 모두 의존해야 한다는 말은 단연코 아니다. 언제나 판단은 전적으로 내 몫이므로 참고만 할 뿐, 멘토에게 모든 것을 의지해서는 안 된다.

A와 B라는 두 가지의 답만 가지고 고민하던 문제를 다른 사람에게 털어놓고 나누다 보면 어느새 문제점이 선명해지며 생각지도 못한 C 또는 D라는 더 나은 해결책이 생길 수 있다. 이때 더 많은 선택지를 고려해서 그중에 가장 현명한 판단을 내리면 된다. 멘토는 내가 깜깜한 터널을 걸어갈 때 환한 손전등이 되어줄 수 있는 사람이다. 그러니 모든 것을 혼자 짊어지고 가기보단 멘토를 곁에 두고 함께 인생길을 걸어 나가자.

Q&A

- 나만의 멘토가 있는가?
- 내가 생각하는 지혜로운 멘토는 어떤 모습인가?

4장

실행력을 높이며 삶을 리미티드하게 즐기는 노하우

성공한 하루를 지속하여 축적하라

난 오늘만 산다

2010년 개봉한 배우 원빈 주연의 액션 스릴러 영화 〈아저씨〉에서 내가 정말 좋아하는 명대사가 있다.

> "너희들은 내일만 보고 살지? 내일만 보고 사는 놈은 오늘만 사는 놈한테 죽는다. 난 오늘만 산다."

이 부분에서 특히 "난 오늘만 산다"라는 말이 크게 와닿았다. 이 대사에서 말하는 '오늘'의 의미는 '무슨 일이 있어도 반드시 오늘 해내고야 말 일'이다. 내일만 보고 사는 사람은 기한 없이 할 일을 미루고 또 미루는 반면, 오늘만 보고 사는 사람은 오늘 해야 할 일은 어떻게든 해내기 때문에 결국은 오늘만 보고 사는 놈이 이긴다는 뜻으로 난 해석한다.

가끔 우리 모두는 인간이 유한한 존재임을 망각하는 것 같다. 당연히 오는 내일은 없는데 말이다. 오늘이 지나면 당연히 내일이 오리라고 인생이 무한한 것처럼 여겨서는 안 된다. 우리의 삶이 가치 있게 느껴지고, 누군가를 더욱 사랑하게 되는 일도 어쩌면 언젠가 끝이 있고 헤어짐이 있기 때문 아닐까? 마찬가지로 오늘 하루가 다시는 돌아오지 않을 날이라고 상상한다면 갑자기 흘러가는 1분 1초가 너무나 아쉽고 소중하게 느껴진다. 지금 흘러가는 이 시간을 더없이 귀중히 여기고 아낌없이 보내야 한다.

오늘 해야 할 일을 하지 않거나 미루기만 해서 죄책감과 후회가 남는 하루를 보낸다면 그 후회는 또 후회를 낳고 커져 버린 후회는 결국 자포자기를 낳는다. 그러면 처음에 하려고 생각했던 일들을 모두 손 놓아 버리게 되고 영영 하지 못하게 될지도 모른다. 백 번이고 천 번이고 마음 속으로 생각만 할 뿐 과정이나 결과가 없이 매번 원점으로 돌아가는 일을 반복하는 이유다.

영업에서 '쪼개기' 스킬을 사용했던 것처럼 내가 생각하거나 목표하는 일도 쪼개기 스킬을 사용하면 쉽다. 무언가 해야 할 일이나 목표가 있으면 작게 나누어서 '오늘 할 일'만 생각하고 하면 된다. 오늘 딱 하루만 끝내자고 생각하면 비교적 마음도 가볍고 일을 해내기가 훨씬 수월해진다. 내일은 생각하지 않고 오늘에만 집중하니 미루면 된다는 안일한 생각도 안 하게 된다.

많은 사람들이 행복한 미래, 성공한 미래에 대해서 꿈꾸며 살아가면서도 정작 그 미래는 오늘 하루가 모이고 모여 만들어진다는 사실을 간과하는 듯하다. 한 치 앞도 알 수 없는 1년 뒤, 5년 뒤의 미래는 막연히 시간이 흘러 찾아오는 게 아니라 오늘 하루가 모여 만들어지는 날임을 잊지 말아야 한다. 오늘이 있기에 내일이 올 수 있고, 오늘이 있기에 미래를 꿈꿀 수 있다. 그렇기에 '오늘'을 후회 없이 보내는 일이 내가 매일 목표로 하는 일이다

'극 P형'의 후회

나는 퇴사 후에 내 삶을 주도적으로 개척해 나가면서 '오늘'의 진짜 의미를 깨달았지만, 그전에는 나도 영락없는 '극 P형' 인간이었다. '내일의 일은 내가 하겠지'라며 할 일을 미룬 적도 많고, 발등에 불이 떨어져도 따뜻하다고 느낄 정도로 무한 긍정 회로를 돌리며 '어떻게든 다 되겠지' 하며, 계획을 세우기보다는 눈앞의 일을 닥치는 대로 해내기도 했다.

여기서 '극 P형'이란, MBTI 성격유형에서 나오는 판단형인 J(Judging)와 대립되는 기질로, 인식(Perceiving)형을 의미한다. 분명한 목적과 방향을 중시하며 체계적인 J형과 달리, P형은 한마디로 '융통성'으로 표현할 수 있다. 목적과 방향이 늘 변화 가능하고 유동적인 경향을 띠며, 상황에 따라 즉각 대처하는 개방적인 성격 유

형이다. 목적의식을 가지고 최대한 효율적으로 일을 처리해내는 '판단형 J'와는 달리 목표 지점까지 도달하는 동안 새로운 변수는 언제든지 생길 수 있다는 가능성을 염두에 두고 상황을 바라보며 결정하는 '인식형 P'의 대표적인 사람이 바로 나였다.

그렇다 보니 해야 할 일을 제때 하지 못하고 미룰 수 있을 때까지 미루어 일을 끝마치고 나면 뿌듯함이나 후련함이 아닌 허무함이 밀려왔고 나중에 가서 '시간이 좀 더 있었으면 잘할 수 있었을 텐데'라든가 '다음에는 미리 준비해서 여유롭게 끝내야지' 하며 아쉬워하곤 했다. 결국엔 시간에 쫓겨 완성한 결과물에 당연히 만족하지 못했고, 그 아쉬움에 스스로를 자책하기도 했다. 돌이켜 생각해보면 그때 시간이 좀 더 주어진다고 해도 또 마감 기간에 임박해 할 일을 처리했을 테니 조급한 마음이나 어설픈 결과는 매한가지였을 것이다.

물론 오늘 해야 할 일을 내일로 좀 미룬다고 큰일이 나지는 않는다. 하지만 진짜 큰일은 내가 나를 한심하게 여기고, 자책하고, 후회한다는 점이다. 내가 나를 사랑할 수 없도록 만든다는 말이다. 내가 나를 사랑하지 못하는데 어떻게 행복한 미래, 성공한 삶을 만들 수 있을까?

아무 생각 없이 쫓기듯이 하루를 흘려보내고 돌아오는 후회가 결국은 나를 미워하게 만든다는 사실을 깨달은 이후로 나의 하루는 달라졌다. 내가 나를 위해 온전한 하루를 계획하고 살아가며 스스로가 대견하고 뿌듯해서 사랑할 수밖에 없도록 하는 것, 적어도 나에게만큼은 핑계를 대거나 합리화하지 않는 것이 나를 가장 아껴주는 방법이다. 나를 사랑하는 방법은 나에게 최선을 다하는 것이다.

이젠 너무 익숙해진 새벽 루틴

새벽 아르바이트를 통해 루틴이 되어버린 '미라클 모닝'으로 체득한 가장 중요한 사실은 새벽이 가장 생산적인 시간이라는 것이다. 해보기 전까지는 당연히 말도 안 되는 소리라고 생각했다. 겨우 일어나서 눈도 못 뜨고 출근하기 바쁜데, 어떻게 새벽에 가장 집중이 잘되고 머리가 맑아진다는 건지 도통 믿을 수 없었다. 그런데 직접 해보니 실제로 이른 새벽에 그 어느 때보다도 맑은 정신 속에 가장 활력이 넘치고 집중력이 높았다.

동이 트기도 전 어두컴컴하고 고요한 새벽에 눈을 뜨고 자리에 앉아서 최대한 차분한 몸과 마음으로 시작한다. 간밤에 잠은 잘 잤는지, 좋은 꿈은 꾸었는지 되새기며 서서히 잠에서 깨어난다. 그리고는 오늘은 어떤 일을 처리해야 하는지, 무얼 하고 싶은 기분인지 그리고 어떤 하루를 보내고 싶은지 곰곰이 생각한다. 오로지 '나'를 중심으로 오늘 하루를 어떻게 시작할 것인가에 대해서만 집중한다.

수개월 동안 지속하고 있는 나의 아침 루틴은 다음과 같다. 일단 눈을 떠서 제일 먼저 하는 일은 몸을 일으켜 침대에 앉아 오늘 하루를 상상하고 계획하는 일이다. 기분 좋은 온기가 남아있는 침대에서 스프링처럼 튀어나오지 않아도 괜찮다. 눈을 감고 미리 녹음해 둔 나의 다짐이나 유튜브에서 긍정 확언들을 재생시킨다. 내 목소리로 녹음된 나의 목표나 다짐들을 듣고 있으면 실제로 이루어진 일처럼 생생하게 느껴지기도 하고 내 목소리를 듣고 가만히 누워있자니 양심에 가책이 느껴져 침대에서 몸을 안 일으킬 수가 없다. 이부자리에서 빠져나와서는 흐트러진 이불과 베개를 정리한다. 매우 쉽지만 하고 나면 마음이 뿌듯해지는 사소한 일이자, 일단 일어났으니 다시 침대 속으로 기어들어 가지 않겠다는 결연한 의지이기도 하다.

이 방법도 수천 권의 자기계발서에 빠지지 않고 등장하는 루틴이었고, 해보기 전까지는 해야 하는 이유조차 몰랐다. 하지만 딱 일주일만 해보면 내 마음가짐이 달라지는 것을 느낄 수 있다. 그리고 물을 한 잔 마시고 자리에 앉아 필사를 시작한다. 필사용으로 나온 책을 따라 적거나, 그날 하루를 마음에 새기고 싶은 문장이나 문단을 여러 번 반복해서 쓰고 따라 읽는다. 가끔 도저히 눈이 안 떠지는 날에는 자리에 앉아 밀리의 서재 '오디오북'을 활용한다. 오디오북을 틀어놓고 정신이 깰 때까지 듣는다. 어떤 책이든지 상관없다. 책에 집중해 내용을 흡수하다 보면 어느새 정신이 맑아져 있음을 느낄 수 있다. 아침에 이 과정들을 거치는 데 오랜 시간이 소요되지 않는다. 30분 정도면 충분하다. 그런데 이 30분으로 내 하루는 물론이고 더 나아가 내 인생을 내가 계획하고 상상한 대로 바꿀 수 있다.

자기계발에 있어서 이제는 미라클 모닝이 필수적인 요소가 된 듯 하다. 그래서 너도나도 새벽에 일어나려고 애쓰고 많은 시도를 한다. 그런데 내가 정말로 한가지 말해주고 싶은 건 아침에 일어나는 시간은 아무렴 중요치 않다는 점이다. 물론 새벽 시간이 활용만 잘하면 몰입도가 가장 높은건 사실이지만, 일찍 일어난다 한들 그 시간에 넷플릭스를 보거나 SNS를 들여다보고 있으면 말짱 꽝이라는 말이다. 그럴 거면 차라리 조금이라도 잠을 더 자는 게 낫다.

내가 수개월 동안 지속해보고 느낀 미라클 모닝의 요점은 '어떻게 하루를 시작하는가'이다. 눈을 떠서 하루를 계획하고, 상상하고, 목표를 세우고 소소한 성취감으로 시작해야만 진정한 새벽 기상의 의미가 있는 것이지 일찍 눈만 뜬다고 미라클 모닝이 절대 아니다. 새벽에 일어나기만 하면 되는 게 자기 계발이고 성공할 수 있는 지름길이라면 이 세상에 절반 이상은 진작에 다 성공한 삶을 살고 있어야 한다. 그리고 성공이라는 게 그리 쉬울 거라고 생각하지도 않는다.

그러니 진정한 미라클 모닝으로 하루를 시작하고 싶다면 최소 6시간 이상은 푹 잠을 자고 일어나 개운하게 하루를 시작하길 바란다.

'오늘'이 모여 '미래'가 만들어진다

목표하는 바를 이루고 원하는 대로 살기 위해서는 지금 당장 무엇부터 시작해야 할까? 1년 단기 계획 혹은 5년 장기 계획을 세우는 일일까? 내 생각에 '성공한 삶'을 살기 위해서는 오늘 '하루'를 성공적으로 살면 된다. 물론 여기에 추가 조건이 있다. 성공적인 하루를 매일 '반복'해서 보내는 것이다. 성공적인 하루가 축적되어 성공적인 내일이 되고, 미래가 된다.

하루에 책 한 장 읽기, 운동 10분만 하기, 목표한 시간에 일어나기, 필사 한 문장만이라도 하기, 영양제 챙겨 먹기, 일기 쓰기처럼 오늘은 오늘 해야 할 일만 하면 된다. 오늘 할 일만 최소한으로 했는데 성공한 하루가 되었고 성공한 하루를 보낸 나를 뿌듯하게 여기고 칭찬을 하게 된다.

전 세계에 유명한 자기계발서 저자들이 소개한 사소한 습관들로 작은 성취감을 느끼는 일이 불러오는 막강한 효과를 믿기 어려운 것 너무 잘 알고 있다. 말도 안 될 정도로 쉬운 방법들에 비해 따라오는 결과는 상상을 초월하기 때문에 말도 안 된다며 그대로 책장을 덮어버리는 것도 안다. 그런데 직접 해보면 정말로 작고 사소한 루틴이 나의 하루를 통째로 변화시키고, 달라진 하루는 더 나아가 미래까지 바꿀 수 있음을 알게 될 것이다.

나만의 모닝 루틴을 3가지에서 5가지 정도로 만들어두고 성공적인 하루를 지속적으로 축적해 나가다 보면 하루가 달라지고, 매일이 변화함을 느낄 수 있다. 이제부터라도 달라지고 싶다면, 생각만 해왔던 일을 시작하고 싶다면, 꿈꾸는 미래를 살고 싶다면, 후회 따위는 내 인생에서 없애고 싶다면 지금부터 당장 성공적인 하루를 살아라.

아침에 짧은 30분으로 내 마음가짐과 삶에 대한 태도가 어떻게 달라지는지, 매일이 모여 한 달이 얼마나 변화하는지 느꼈으면 좋겠다. 결국은 내 인생을 내가 계획한 대로 살아가게 되며, 무엇보다 나 자신을 사랑할 줄 아는 사람이 되길 바란다. 인생의 목표를 이루고 수많은 부를 축적한 성공한 사람들 모두 누구나 우리와 같은 평범한 사람이지만, 그들은 주어진 눈앞의 '오늘 하루'를 절대 게을리하지 않았을 것이라고 확신한다.

지금도 나는 핸드폰 '타이머' 어플을 켜두고 있다. 오늘 밤에 침대에 누워 잠을 청하기 전까지 남은 시간을 계산해서 배경 화면에

띄워두었다. 그러면 오늘 나에게 남은 시간이 숫자로 나타나는데, 순식간에 줄어드는 1분 1초를 바라보고 있으면 도저히 시간을 헛되이 쓸 수가 없다. 나에게 주어진 시간이 정확히 계산되니 할 일에 우선순위를 두고 제시간 안에 끝낼 수 있도록 집중도를 올려준다.

가끔 시간이 무한하게 느껴지고 할 일은 쌓여만 갈 때 '타이머'를 활용해보길 추천한다. 나에게 주어진 하루가 생각보다 그리 길지 않고 생각보다 시간은 빨리 흘러간다는 사실을 체감할 수 있다.

지금 책장을 넘기는 이 순간에도 시간은 흘러가고 있다. 오늘 하루도 시간을 소중히 여기고 성공을 맛보는 하루로 만들어나가길 진심으로 바란다.

Q&A

- 나는 오늘만 사는 사람인가?
- 일을 미루다가 후회했던 경험이 있는가?
- 나만의 데일리 루틴이 있는가?
- 성공적인 하루를 위해 내가 할 수 있는 일 3가지는?

나의 다짐과 목표를 주위에 선언하라

사람은 자신과의 약속을 가장 안 지킨다

나는 남들과 한 약속은 무조건 잘 지키는 편이다. 입 밖으로 내뱉은 말의 힘을 저버리는 것을 무척 싫어하기도 하고, 입이 가벼운 책임감 없는 사람이 되고 싶지 않기 때문이다. 하지만 나 스스로와 한 약속은 이런저런 핑계를 대고, 합리화를 하며 못 지키는 경우가 종종 있다. 나와의 약속은 못 지키더라도 그 사실은 아무도 모르고 나만 알기 때문에 잠깐 혼자 후회하거나 자책하면 그만이다. 내가 나를 꾸짖어봐야 얼마나 호되게 꾸짖을 것이고, 죄책감을 느껴봐야 얼마나 오래 느끼겠나. 온갖 합리화와 긍정 회로를 가동해서 이 세상에서 나만 알고 지나가는 바람 같은 비밀이 될 뿐이다.

그렇게 혼자 마음속으로 다짐한 일들을 못 지키고 끝나버리기를 수차례 반복했다. 그러다 보니 서서히 스스로 부끄러워하는 마음인 자괴감이 축적되어 어느 순간 크게 불어난 눈덩이가 되어 내게 몰려들었다. 그 눈덩이 같이 커진 부끄러움은 도저히 막아낼 수가 없다.

내가 다짐한 일들을 지켜내려면 나만 알아서는 안 된다는 사실을 깨닫고 주변에 나의 다짐들을 공유하기 시작했다. 내가 굳게 믿는 말의 힘을 활용하기로 한 것이다. 처음엔 말하기가 어려웠다. 아직 이루지도 않은 목표들을 해낼 거라고 말하는 모습에 괜스레 내가 허풍쟁이처럼 느껴지기도 했다. 큰 포부들이 아니더라도 사소하면 사소할수록 부끄럽기도 했다.

예를 들면, '나 이번 시험에서는 반에서 무조건 5등 안에 들 거야'라든가 '나 이번 달까지 꼭 3kg 뺄 거야'라는 식의 목표들이었다. 이런 나의 개인적인 목표들을 남들이 굳이 귀 기울여 듣거나 중요하게 여기지 않아도 일단 말을 내뱉었더니 책임감이 느껴졌다. 나중에 "그래서 너 그때 그 목표 이뤘어?"라고 물었을 때 대답을 못하고 망설이며 얼굴이 붉어지고 싶지 않았다. 당당하게 내가 먼저 '나 해냈어!'라고 말하고 싶었다. 가장 친한 친구, 가족들에게 소소한 목표들을 말하기 시작하면서 나의 '선언하기'는 시작됐다.

선언이 전파되다

내가 주변에 목표를 드러내자 서서히 친구들도 하나둘씩 나에게 와서 자신들의 목표를 말하기 시작했다. 각자 다짐한 목표는 달라도 우리는 같은 마음을 가지고 서로를 응원하게 되었다. 혼자에서 둘이 되고, 셋이 되고 점차 여럿이 모여들었다. 그렇게 고등학교 때 반에서 '멘토&멘티'가 유행하기 시작했다. 너나 할 것 없이 둘이서 짝을 지어 서로가 서로에게 필요한 부분을 나누었다.

어느 날 한 친구가 나에게 찾아와 영어 공부를 알려줬으면 좋겠다고 했다. 고등학교 때 내가 가장 좋아하고 자신 있던 과목은 사회, 그리고 영어였다. 먼저 친구가 나한테 영어를 알려달라고 하다니 내심 기뻤다. 나보다 영어를 잘하는 친구들은 더 많았지만 굳이 나에게 온 이유는 내가 함께 성장하는 것에 의의를 두고 나누는 모습을 친구가 지켜봐 왔기 때문일 것이라고 생각한다. 그 친구와 나는 영어 멘토&멘티를 맺었고, 나는 친구에게 알려줄 수 있는 모든 것을 성심성의껏 알려주었다.

내가 친구에게 10을 알려주려면 나는 100을 알고 있어야 한다는 마음으로 함께 공부하다 보니 덩달아 내 영어 성적도 올랐다. 나중에 최종 모의고사가 끝난 날에는 친구가 만년 9등급에서 5등급까지 성적이 올랐다며 진심으로 고맙다고 편지를 써주었고, 그때를 생각하면 지금까지도 내심 뿌듯하다. 그리고 이따금씩 그 편지를 꺼내어본다.

선언이 이루어지다

나는 말의 힘을 믿는다. 말의 힘은 위대하다. '말이 씨가 된다'라는 말이 괜히 있는 게 아니다. 무심코 내뱉은 말에도 힘이 있어 실제로 이루어질 수 있으니 매사에 신중히 말을 내뱉어야 한다는 것이다. 내가 책을 쓰게 된 이유도 선언했기 때문이다.

회사를 그만두고 두 달쯤 지났을 때, 새로운 일을 시작하기에 앞서 새로운 사람들을 찾아다녔고 우연한 계기로 '열정맨'이라는 주제를 가진 오프라인 소셜링에 참여하게 됐다. 처음 보는 사람들끼리 모여서 각자의 꿈이나 목표를 말하고 어떻게 하면 이룰 수 있는지 방법을 제시하기도 하고, 응원을 보내기도 하며, 경험자가 있다면 조언을 들을 수도 있는 좋은 자리였다. 그 당시 사실 난 백수 신분에 계획해 둔 일도 뚜렷하지 않았기 때문에 다양한 분야에 몸담고 있는 다른 사람들의 열정을 느끼고 싶은 마음뿐이었다. 내 차례가 다가오고 간단히 자기소개를 한 뒤에 목표를 말해야 하는데 갑자기 전혀 예상치 못한 마음의 소리가 튀어나왔다.

"저는 사실 책을 쓰고 싶어요."

정말로 내 마음속 깊은 동굴 안에 박혀있던 말이 튀어나와서 나도 당황했다. 살면서 이 말을 입 밖으로 처음 내뱉은 순간이었다. 그리고 그 당황함을 감추기 위해 말을 덧붙였다.

"그래서 다음 달에 출간기획서를 가지고 출판사들을 돌아다니려고요."

말은 주워 담을 수도 없이 순식간에 내 목구멍을 통해 올라와서 내뱉어졌다. 그런데 그 순간 갑자기 날 바라보던 눈동자들이 반짝이더니 무조건 잘될 거라는 칭찬과 응원을 퍼부으며 격려를 아끼지 않았다. 나도 모르게 꺼낸 상상 속의 이야기에 무한한 긍정과 신뢰에 마음이 무거워졌다.

이제 와 생각해보면 친한 친구들도, 가족도 아닌 나를 잘 모르는 낯선 사람들이었기에 부담감 없이 내 마음속 꿈을 말할 수 있었던 것 같다. 어쨌든 내 꿈은 누군가에게 선언되었다. 그리고 그 사실을 받아들인 나는 행동했다. 내가 내뱉은 말에 최소한의 액션이라도 취하는 책임감 있는 사람이 되고 싶었다. 상상만으로 꿈꿔 오던 일이고 될지 안 될지도 모르는 일이었지만 부딪혀보기로 했다. 그때 백수이던 나는 내가 무얼 하면 좋을지 몰라서 다양한 일들을 탐색하느라 일단 해볼 수 있는 건 다 해보자는 마음이었다.

당연히 책 출판이라는 일은 거절당할 것이라고 예상했지만 그 거절도 무섭지 않았다. 회사 다닐 때 하루에도 엄청나게 많은 거절을 당했던 터라 겁나지 않았고, 출판 거절이라면 그 거절마저 감사하게 느껴질 것 같았다. 일단 내가 내뱉은 말을 지키는 것, 그게 나에겐 우선순위였다.

그로부터 한 달 뒤 나는 "장소희 저자님. 좋아요, 책 씁시다"라는 말을 듣게 되었다. 아직도 믿기지 않는 순간이다. 나는 단지 '선언'했고, '시도'했을 뿐이다. 그런데 깊숙이 간직해오던 꿈이 현실이 되었다.

믿을 수가 없어서 어안이 벙벙해진 채로 미팅을 마치고 엘리베이터를 타고 내려와 1층 문이 열리자마자 눈물을 흘렸다. 태어나 처음 흘려보는 뜨거운 기쁨의 눈물이었다. 목이 아파 올 정도로 메었다. 내가 꿈에 그리던 일을 하게 됐을 때 느낀 그 전율과 행복감은 죽을 때까지 잊을 수 없을 것 같다. 이때 들었던 생각은 '사람은 역시 하고 싶은 일을 해야 하고, 그래야만 행복할 수 있다'라는 것이다.

언젠가 나도 책을 쓰고 싶다고 먼발치에 생각해두었던 일이 당장 내일 내가 해야 할 일이 된 것이다. 더욱 놀라운 것은 2년 전에 내가 쓴 일기다. 나만 보는 일기장에 책을 쓰고 싶다고 진심을 담아 적었지만, 그 뒤로 아무 일도 일어나지 않았다. 하지만 딱 한 번 '선언'했더니 이루어졌다. 믿기 어렵겠지만 실제 일어난 일이고, 내가 겪은 일이다. 나는 이제부터 '선언하기'에 대해 한 치의 의심도 없다. 그리고 앞으로도 많은 선언을 하며 살아갈 것이다.

마음속에 간직한 열정을 꺼내어 보여라

켈리델리 회장인 켈리 최의 《웰씽킹》(다산북스, 2021)은 '선언하기'에 대해 매우 강조한다. '그러니 선언하고 또 선언하라'는 목차에서 켈리 최 회장은 이렇게 말한다.

> "많은 사람에게 선언하면서 무조건 할 수밖에 없는 길로 들어섰기 때문이다. (중략) 목표를 이루고 싶다면 반드시 선언하라. 내가 결단을 내렸고 목표로 가는 길에 들어섰다는 사실을 만방에 알려라."

이 책이 베스트셀러가 되면서 이제는 많은 사람들이 선언하고 있다. 그리고 내가 겪었던 것처럼 선언하면 이루어진다는 것도 사실로 증명되고 있다. 나는 어릴 때부터 그래왔듯 지금도 이루고 싶은 일이 생기면 일단 먼저 선언한다. 그리고 이제는 허풍쟁이로 비칠까 걱정하지 않는다. 적어도 한 번이라도 내가 선언한 일을 해내는 모습을 보인다면 그때부터는 나는 내뱉은 말은 지키는 사람이 되기 때문이다. 만약 허풍쟁이가 될까 두렵고 부끄럽다면, 딱 한 번만이라도 그 목표를 보란 듯이 해내면 된다.

얼마 전 영화관에서 본 '슬램덩크'의 한 장면이 생각난다. 북산고와 산왕고의 농구 대결이 한창일 때, 북산고는 산왕고에 큰 점수차로 뒤지고 있었고, 어느 누구도 북산고가 최강 산왕고를 꺾으리라고는 예상하지 못하던 그때, 북산고 강백호는 시합 도중 단상 위에 올라가 모두에게 자신의 팀이 이길 거라고 큰소리를 친다. 그러고는 팀원들에게 돌아와 "큰소리쳐놨으니까 이기자!"고 말한다.

자신이 간절히 원하는 목표라면 큰소리쯤 쳐도 좋다. '나는 반드시 할 수 있다'는 강력한 확신을 갖고 큰소리치며 당당하게 해냈으면 좋겠다. 내 꿈을 말하는 건 결코 부끄러운 일이 아니고, 허풍쟁이도 아니다. 내가 가진 뜨거운 열정을 알아주는 사람들은 반드시 있고, 그 사람들로 인해서 나의 열정과 목표는 더욱 빛을 발하며 성공에 가까워진다. 입 밖으로 내뱉은 꿈은 현실이 된다는 사실을 믿어야만 한다. 지금 당장 주위에 내 꿈을 선언하라!

Q&A

- 나와의 약속을 못 지킨 적이 있는가?
- 나 혼자 간직했던 꿈이나 목표가 있는가?
- 선언한다면 누구에게 할 것인가?
- 여기에 목표를 적고 지금 당장 주위에 선언하자. 반드시 이루어진다.

하루 한 줄
일기 쓰기로 기르는 힘

세상에서 가장 귀찮은 일

다들 한 번쯤 초등학교 숙제로 여름방학에 밀린 일기를 몰아 쓰느라 머리 아팠던 경험이 분명 있을 것이다. 왜 선생님들은 하고 많은 숙제 중에 일기를 쓰라고 하셨을까? 심지어 성인이 된 지금까지도 일기 쓰기의 중요성은 왜 강조되고 있는 걸까? 어릴 때처럼 글씨 연습이 필요한 것도 아닌데 말이다.

매일 밤 누워서 핸드폰을 하거나 피곤해서 지쳐 쓰러져 잠들기도 바쁜데 그 시간을 짬 내서 앉아 일기를 쓰는 건 여간 귀찮은 일이 아니다. 수기가 아닌 핸드폰으로 일기장 어플을 다운받아 누워서 쓸 수 있다고 해도 굳이 기록할 정도로 특별할 것도 없는 하루였거나, 쓸 말을 떠올리는 것 자체가 귀찮아서 그냥 잠들어버리고 만다. 오죽 귀찮으면 카카오톡 '안읽씹'도 하는 마당에 일기는 두말할 것도 없다. 차라리 책이라도 펼치면 수면 유도 효과가 있어서

쉽게 잠들기라도 하지만, 일기는 좀처럼 쓰기가 어렵다. 보통 마음을 먹어서 되는 일이 아니다. 잠들기 전에 일기를 쓰는 일이 세상에서 가장 귀찮은 일이라는 의견에 나도 동의하는 바이다. 하지만 그럼에도 우리는 일기를 써야 한다. 이렇게 귀찮은 일임에도 불구하고 써야만 하는 이유가 있다.

아무것도 기록하지 않으면 아무것도 없는 날

나는 초등학교 1학년, 8살 때부터 지금까지 20년이 넘도록 일기를 쓰고 있다. 귀찮고 바쁘다는 핑계로 못 쓰고 건너뛰는 날들도 물론 있지만, 그럴 땐 다음 날 아침에 일어나서 그나마 기억이 생생할 때 조금이라도 기록한다. 회사 다닐 때는 밤에 곯아떨어져 자느라 다음 날 아침 출근길 지하철에서 일기를 쓴 적도 여러 번 있다.

3년 전 2020년 3월 2일 일기에는 이렇게 쓰여 있다.

"솔직히 일기 쓰기 귀찮다. 글씨도 괴발개발. 하지만 이게 최선임."

그날의 일기는 이게 끝이다. 정말 아무 내용 없지만 그 하루가 얼마나 고단했는지 알 수 있다. 그리고 그 전날, 전전날 일기로 거슬러 가면 일주일 내내 얼마나 지독한 야근에 시달렸는지 알 수 있다. 그때의 나를 회상하며 다시 3월 2일 일기로 돌아와 한 줄 코멘트를 남겼다.

"그래도 25글자나 썼는걸".

또 어느 날은 날짜, 요일만 적혀져 있는 날도 있다. 그리고 그 아래에는 희미한 볼펜 자국들이 남아있다. 일기를 쓰려고 앉았다가 날짜, 요일만 적고는 비몽사몽하다가 잠에 빠져들었나 보다. 아무것도 적지 않으면 아무것도 기억되지 않는 날이 되지만, 한 문장이라도 쓴다면 언젠가 다시 그날을 회상할 수 있는 기억에 남는 날이 된다.

만약 오늘 하루 중 정말 쓸 내용이 없었다거나 너무 피곤하고 지친 하루였다면 '세 줄 일기'를 추천한다. 세 줄 일기는 말 그대로 단 세 줄만 쓰면 되는 일기다. 세 줄 일기를 쓰는 방법은 아래와 같다.

다음은 내가 썼던 세 줄 일기다.

2020년 6월 1일

1. 오늘은 일기에 쓸만한 특별한 사건이 정말 없었다.
2. 특별히 좋은 일도 없었지만, 그렇다고 나쁜 일도 일어나지 않았다. (그나마 좋은 일이라고 한다면 요즘 날씨가 매우 좋다는 것과 7천 원에 따릉이 한 달 정기권을 끊었다는 것이다.)
3. 무탈하게 하루를 보낸 것에 감사하다. (내일은 좋은 일이 생기길 바란다.)

내가 가끔 일기 쓰는 게 너무 귀찮을 때 사용하는 방법인데, 막상 세 줄 일기를 쓰다 보면 이야기가 더 길어지거나 생각지도 못한 내용이 떠오르는 경우도 많다. 그럼 나만의 주제가 또 하나 생기는 것이다. 그러니 일기 쓰는 게 귀찮고 어려울 땐 세 줄 일기부터 써보길 권한다. 문장이 어렵다면 단어도 괜찮다.

심사가 복잡할수록 써라

만약 오늘 하루에 너무 많은 일들이 뒤엉켜서 머리 아플 정도로 복잡할 땐 아무 생각도 떠오르지 않을 수 있다. 뭐가 뭔지도 모르겠고, 내 기분이나 감정조차 제대로 되돌아보지 못할 때가 있다. 그럴 때일수록 일기를 써야 한다. 너무 복잡해서 정리되지 않던 것들이 일기를 써 내려감으로써 뒤죽박죽 엉킨 실타래에서 실마리를 찾아내기도 한다.

일단 한 글자라도 적기 시작하면 흥분되었던 마음이 가라앉혀지면서 복잡했던 감정이나 불쾌했던 기분이 정리되는 것을 느낄 수 있다. 또는 어렵게만 생각했던 일이 오히려 별것 아닌 일임을 깨닫고 훌훌 털어버리게 될 수도 있다.

일기는 나도 정리되지 않아 몰랐던 내 감정을 알아차리게 해준다. 그래서 나와의 대화같이 느껴지기도 한다. 가끔 다른 사람의 감정이나 기분은 잘 파악하면서 본인 스스로는 어떤 상태인지 파악하지 못하는 사람들이 있다. 가까운 주변 사람들의 마음을 공감하며 헤아려주는 것도 좋지만, 내가 나를 잘 아는 것이 먼저고 그래야 다른 사람의 마음도 잘 알아줄 수 있다. 특히나 내 마음이 어려울 때일수록 외면하지 않고 돌봐주어야 한다.

세상에 남겨지는 가장 값진 자산

일기는 내가 이 세상에 남길 수 있는 가장 값진 자산이다. 일기에는 나의 하루, 감정, 기분, 태도, 인간관계, 크고 작은 이벤트들, 변화나 성장 과정이 빠짐없이 담긴다. 일기는 나를 면밀히 들여다보게 만들고 느낀 그대로를 옮겨 담는 일이다. 일기보다 더 솔직하고 풍부한 표현이 담긴 좋은 글은 없다고 생각한다.

일기는 특히나 세세하고 정제되지 않은 날것 그대로의 표현들로 내 감정이나 기분이 기록되기 때문에 나중에 시간이 흐른 뒤 일기장을 꺼내어 다시 읽어보면 그때가 어제 일처럼 생생하게 느껴진다. 그리고 흘러간 세월 동안 많은 변화와 성장이 있음을 느끼게 해준다.

나는 기록하는 걸 워낙에 좋아하는 편이라 사진이나 영상도 많이 찍어두지만, 그중에 일기가 가장 또렷한 기록이라고 생각한다. 사진은 말을 하지 않지만 글은 말을 하고, 사진에 담기지 못한 것들이 글에는 담긴다. 그리고 점차 시간이 흐르면서 모든 것은 빛바래어 희미해지고 더 오랜 세월 속에서 기억은 사라져 버리지만, 글은 영원히 사라지지 않는다. 시간이 갈수록 글은 더 선명해진다.

또, 일기는 나의 현재를 적는 일이면서 동시에 나의 과거와 미래까지 알려주는 좋은 습관이다.

나는 오늘 일기장에 이런 말을 적었다.

"지금 쓰는 이 일기는 몇 년이 지난 후에 어떤 모습의 내가 다시 보고 있을지 궁금하다. 그땐 아마 내가 원하는 모든 것들을 다 이루었겠지? 난 어떤 모습을 하고 있을까. 이 일기를 다시 보고 있을 미래의 나에게 이렇게 말해주고 싶다. 지금 행복할 수 있는 건 다 지난날의 내가 열심히 살았기 때문이라고. 그리고 지금의 나에게는 이런 말을 한다. 그래서 지금 힘든 건 하나도 힘들지 않다고."

나를 솔직하게 드러낼 수 있는 유일한 비밀 공간인 일기장에 많은 말들을 차곡차곡 적어가며 이 세상에 하나뿐인 소중한 자산을 남기길 바란다.

Q&A

- 내가 마지막으로 쓴 일기는 언제인가?
- 오늘의 세 줄 일기를 여기에 써보자.

  1. ______
  2. ______
  3. ______

- 오늘 쓴 일기를 미래에 내가 보고 있다면 무슨 말을 해주고 싶은가?

독서는 영원하다

나의 유년을 지켜준 모퉁이 의자

내가 초등학생 때 엄마가 고모와 함께 서점을 운영하셨다. 그때는 방과 후 수업이나 학원을 모두 마쳐도 이른 오후쯤이었으므로, 집에 가서 혼자 시간을 보내기보다는 엄마가 있는 서점에 가서 끼니도 챙겨 먹고 엄마가 퇴근하기까지 기다리면서 나머지 시간을 보냈다. 엄마는 손님들을 응대하고 영업하느라 쉴 새 없이 바빴기 때문에 나는 방해되지 않도록 알아서 시간을 보내야 했다. 그래도 집에서 혼자 있는 것보다는 나았다.

서점에는 오며 가며 사람들이 편히 책을 읽을 수 있도록 소파 같은 긴 의자가 있었는데, 그 한쪽에 놓인 기다란 의자가 거의 내 지정 구역이었다. 몸집 작은 초등학생이 눈에 띄지 않고 의자에 몸을 기대어 빼곡한 책장들 틈에서 편히 책을 읽기에 안성맞춤인 공간이었다. 그 모퉁이 의자에서 참 많은 시간을 보냈다. 의자에 누워 천장을 바라보며 시간을 때우기도 하고, 누워서 책을 보다 그대로 책을 얼굴에 엎어두고 잠이 든 적도 많으며, 엎드려서 책 속에 빠져들어 가거나, 의자에 앉아 엄마가 바쁘게 일하는 모습을 지켜보기도 하고, 서점에 책을 사러 오거나 책을 읽고 있는 사람들을 구경하기도 했다. 책 읽기에 관심이 없던 날은 괜히 이 책, 저 책 집어 들었다가 놨다가 표지나 제목들을 살펴보기도 했다. 그래도 시간은 곧잘 갔다. 그것마저 따분해지면 같은 층에 위치한 옆 가게들을 기웃 기웃거리기도 했고, 아래층 액세서리 가게에서 비즈 만들기도 참 좋아했었다. 한시도 가만히 있지 못하고 아주 활발하고 활동량이 많은 어린아이였지만, 그 의자에서만큼은 제법 엉덩이가 무거웠던 것 같다.

지금도 서점에 가서 마음에 드는 책을 골라 앉으면 시간 가는 줄 모르고 읽기도 하고, 글자가 영 눈에 들어오지 않는 날은 그날의 베스트셀러나 매대에 펼쳐진 많은 책들의 제목이나 표지만 구경하기도 한다. 특히나 회사 다닐 때는 바로 근처에 대형서점이 있어서 퇴근길 참새가 방앗간 들르듯이 매번 서점에 가서 앉아있다가 갔다. 앉아서 책을 읽기도 하고, 차를 마시기도 하고, 멍하니 힘들었던 하루를 떠올리기도 했다. 서점은 나에게 방앗간이자 안식처다.

20년 전이나 지금이나 내가 느끼는 서점의 풍경이나 내 모습은 변함없다. 다른 점 한 가지는 어릴 땐 기다란 의자가 몸을 누일 수 있는 소파 같았다면, 지금은 딱 걸터앉을 수만 있을 정도로 몸집이

커졌다는 것뿐이다. 그래도 그때 몸을 기댔던 그 의자가 20년이 지난 지금도 포근하게 느껴지기는 마찬가지다.

완독보다는 흥미로 시작하는 독서

초등학교 저학년일 때는 까만 글씨책보다 만화책을 더 많이 읽었던 기억이 있다. 대개는 만화책은 학습용이 아니라 도움이 되지 않는다고 글씨책을 읽어야 한다는 의견도 있었지만, 엄마는 내가 만화책을 읽어도 단 한 번을 뭐라고 하지 않았다. 그래서 만화책이든 글씨책이든 눈치 보지 않고 원하는 책을 마음대로 읽었다. 그중에 《삼국지》랑 《그리스 로마신화》를 가장 좋아했다. 만화책은 그림을 보는 재미가 함께 있어서 글만으로는 느낄 수 없는 책의 신비로움 속으로 상상의 나래를 펼치게 했다.

책 안에는, 설령 그것이 만화책이든 글씨책이든, 내가 두 눈으로 직접 경험할 수 없는 세계가 펼쳐졌다. 살면서 내가 눈앞에 마주하는 세상은 매우 한정적이지만 책으로 경험할 수 있는 세계는 무궁무진하다. 책으로 어떤 세상이든지 다녀갈 수 있고 어떤 사람이든지 만나볼 수 있으며 한 사람의 거대한 지식창고를 들여다보는 것도 큰 즐거움이다.

서점에서 시간을 보내며 읽는 책은 숙제도 아니고 누가 시킨 일도 아닌, 의무감이 전혀 없는 일이었다. 그래서 '완독'에 부담을 느끼지 않고 '흥미'가 느껴지는 책들을 골라 읽었다. 처음 한두 장이 재미있으면 그 자리에 앉아 끝까지 읽었고, 첫 부분이 지루하면 바로 다른 책을 찾아 나섰다.

책으로 완성되어가는 나

어릴 때는 책을 통해 다른 세상을 경험하며 즐거움과 흥미를 느꼈다면, 점점 크면서부터는 책으로부터 '용기'를 얻고, '희망'을 엿보며 '도전'을 배웠다. 이러한 경험들이 내가 책을 사랑하는 이유이기도 하다. 나는 책을 통해 나라는 사람을 완성시켜 나아가고 있다. 한참 미완성인 나를 가장 현명하게 완성시켜 주는 방법이 '독서'라고 생각한다. 그래서 나는 내가 유독 지치고 힘들 때일수록 책을 더 찾게 된다. 책을 통해 '변화'하고 '완성'되어가는 내 모습이 좋기 때문이다. 나의 부족한 점을 채워주고 지식을 쌓기에는 독서만한 방법이 없다.

내가 해결 방법을 몰라서 고민하거나 궁금한 분야가 있을 때 책을 찾아보면 걱정하지 않아도 될 만큼 이미 셀 수 없이 많은 책들이 있다. 정답이 뭔지 몰라서 헤매던 문제나 난관에 봉착했을 때 책을 읽으면 답에 가까워지거나 현명한 답을 찾을 수 있다. 책에 있는 말이 무조건 정답이라고 할 수는 없지만, 내가 책을 보며 정답이라고 느낀다면 그게 정답이 되는 것이다. 책에 있던 내용이 몰랐던 답이라면 내 마음속에 새기면 되고, 이미 알고 있던 답이라면 다시금 깨닫거나 확신을 얻을 수 있다. 어쩌면 이미 알고 있는 마음속의 대답에 용기를 얻고 싶어서일지도 모른다.

인생을 변화시켜주는 책

서점이 나의 안식처라고 말한 이유는 언제든지 내가 기댈 수 있는 편안한 의자가 바로 독서이기 때문이다. 나는 책을 통해 성장하며 내 삶을 한 단계 업그레이드시키고 완성해나가고 있다.

내가 책을 읽는 분야는 다양하다. 자기계발서를 가장 많이 읽는 편이지만 그 외에 인문, 철학, 에세이, 과학, 경제경영, 역사까지 가리지 않고 읽는다. 위로와 공감을 느끼고 싶을 땐 따뜻한 에세이를, 열정의 심지에 불을 붙이고 싶을 땐 자기계발서를, 감수성이 풍부해질 땐 소설을, 사고의 전환이 필요할 땐 철학을, 머리가 번뜩이고 싶을 땐 과학을, 돈으로부터 자유로운 미래를 설계하고 싶을 땐 경제경영을 읽는다. 이렇게 다양한 분야의 책을 읽으면 나도 몰랐던 기발한 생각들이 번뜩 떠올라서 사고가 확장되기도 하고, 풍부한 지식을 쌓을 수 있다.

독서의 중요성은 굳이 내가 말하지 않아도 누구나 다 알고 있을 것이며, 수많은 자기계발서에 충분한 논리와 근거를 가지고 수도 없이 언급되어 있다.

머리로는 알지만 막상 실천하기는 어려운 게 책 읽기다. 그럴 땐 일단 책을 가까이하면 도움이 된다. 눈에 들어오지 않는 글씨를 억지로 읽을 필요도, 머리에 넣을 필요도 없다. 서점에 가서 기웃

거리거나 눈에 들어오는 책 표지들이나 제목들을 대충 훑어만 봐도 좋다. 그중에 딱 하나 마음에 드는 책 한 권이나 우연찮은 한 문장이 당신을 변화시켜 또 다른 인생을 살게 해줄 수도 있는 법이다. 좋은 책, 좋은 문장은 우리 인생을 변화시킨다.

Q&A

- 나만의 독서 습관은?
- 나의 인생을 바꿔준 책 한 권은?
- 나의 인생을 바꿔준 한 문장은?

몸의 근육을 키우면, 마음의 근육도 생긴다

'인증'으로 시작한 운동

나는 원래 운동과는 거리가 먼 사람이었다. 어렸을 때 잠시 수영을 했던 적이 있지만, 성인이 되고 나서부터는 꾸준히 해온 운동이 없었다. 그나마 활동적인 걸 좋아하는 편이라 날씨가 좋으면 집 앞 산책길을 걷거나 자전거를 타고, 가끔은 등산을 가는 게 거의 전부다. 운동을 제대로 해보고 배워본 적이 없으니 당연히 운동으로 인한 몸의 변화도 느껴보지 못했고, 나름 체력은 좋다고 자부하는 편이라 더욱 운동의 필요성을 체감하지 못했다.

그랬던 내가 지금은 헬스, 필라테스, 러닝 등의 운동을 주 3회 이상 몇 개월째 꾸준히 해오고 있다. 심지어는 그 전날 잠자리에 누워서 다음 날 운동을 하러 갈 설렘에 두근거리다가 잠이 드는 지경까지 이르렀다. 그리고 아침에 눈을 뜨면 모닝 루틴들을 하고,

씻고 바로 운동복으로 갈아입고 집을 나선다.

운동에 무지하고 필요성도 느끼지 못했던 내가 처음 운동을 시작하게 된 계기는 단순하다. 친구들 사이에서 무심코 내뱉은 "다음 주부터 운동할 거야"라는 말 때문이었다. 그렇게 말을 내뱉고서도 마음으로만 '해야지, 해야지'하면서 하염없이 미루고 있었는데, 친구가 내가 한 말을 기억하고는 그다음 주에 운동을 시작했는지 물어왔다. 그 순간 '뜨끔!' 했다.

'내가 또 버릇처럼 운동한다고 했구나.'

친구의 확인사살 덕분에 양심의 가책을 느낀 나는 그날 바로 헬스장을 등록했다. 나의 운동 시작은 단순히 '내뱉은 말 지키기'였고, 친구에게 '인증하기'였다.

처음에는 헬스장에 가도 운동할 줄도 모르고 기구 쓰는 법도 잘 몰라서 구경하거나 맨몸 운동만 하다가 왔다. 스쿼트 50개, 플랭크 2분, 런닝머신 30분이 전부였다. 대신 그다음 날은 스쿼트 55개, 플랭크 2분 30초, 런닝머신 35분으로 조금씩 늘려갔다. 오늘 스쿼트 55개를 했다는 것보다는 어제보다 5개나 더 많이 했다는 사실에 집중했다. 그리고 그 다음날은 60개를 했고, 처음보다 10개나 더 하게 된 것에 뿌듯해했다. 누가 보면 그것도 운동이라고 할 수 있는 거냐고 비웃을 정도일지 모르지만, 이제 막 운동을 시작한 사람으로서는 나름 성취감을 느낄만했다.

멋진 사람이 되고 싶어서

운동을 꾸준히 하기로 마음먹은 두 번째 이유도 단순하다. 멋있는 사람이 되고 싶었다. 헬스장에서 열심히 땀 흘리고, 체력을 키우고, 자기 관리를 하는 사람들의 모습을 보면서 나도 저렇게 멋진 사람이 되고 싶다는 생각을 했다. 세상에서 제일 정직한 건 몸이라서 내가 마음만 먹으면 바꿀 수 있다는 말이 있듯이, 나도 내 몸을 가꾸고 변화되는 모습을 보고 싶었다.

그래서 할 줄 몰라도, 아는 게 없어도 일단 갔다. 예전처럼 운동을 할 줄 몰라서, 기구 쓰는 법을 몰라서 등과 같이 핑계 대지 않았다. 집에서 무거운 몸을 일으켜 운동복으로 갈아입고, 걸어서 헬스장에 가는 것 자체만으로도 목표 달성이라고 생각했다.

한겨울이 찾아와 영하 17도에도, 깜깜한 새벽 6시에도, 몸이 무거운 날에도, 눈이 안 떠지는 날에도, 침대에 누워 갈까 말까 오백 번 고민한 날에도 운동을 하러 갔다. 일단 헬스장에 가니 이왕 온 거 제대로 해보고 싶다는 생각이 들기 시작했다. 기구에 붙어있는 QR코드를 찍어 영상을 보기도 하고, 유튜브에 검색해서 혼자 자세도 잡아보고, 주변에 운동하는 친구들한테 물어보면서 점점 배워나가기 시작했다.

마라톤이 내게 왔다

그러다 어느 날은 앉아서 글을 쓰는데 도무지 한 문장도 떠오르지가 않았다. 책을 쓰기 시작하다 보니 늘 영감을 떠올려야 하고 좋은 문장들을 생각해내려고 애쓰는데, 머릿속에서 이런저런 생각들이 뒤죽박죽 엉켜 좀처럼 정리되지 않을 때가 있다. 그날도 그랬다. 그래서 평소 같으면 책을 읽거나 낮잠을 자면서 휴식을 취하고 환기를 시켰을 텐데, 문득 나가서 걸어야 겠다는 생각이 듦과 동시에 자동 반사적으로 몸이 일으켜져서 집 앞 천을 따라 걸었다.

머릿속이 복잡해 나온 터라 걸으면서 특별한 생각을 떠올리려고 하지 않았다. 그냥 흐르는 물소리를 가만히 듣고 앉아있다가, 유유히 떠다니는 오리들을 구경하고, 찬 바람을 얼굴로 느끼고, 하늘을 쳐다보기도 했다. 내딛는 발걸음에 의미를 두었다. 왕복 5.5㎞ 코스를 걷고 집에 와 따뜻한 물로 샤워를 하고 책상에 다시 앉았는데, 갑자기 손이 빨라지면서 글이 써내려가지기 시작했다. 몇 시간 내내 붙잡고 있어도 한 문장도 쓰지 못했는데 금세 좋은 문장들이 떠오르기 시작했다. 정말 신기한 경험이었다.

그 뒤로는 글이 써질 때도, 안 써질 때도 집 앞에 나가 걸었다. 그리고 그다음 날은 컨디션이 좋아 뛰었다. 몇 주쯤 혼자 뛰었을 때, 친구가 서울 마라톤이 열린다는 소식을 전해주었다. 마라톤에 경험이 없었음에도 한 번쯤 해보자는 가벼운 마음으로 10㎞를 신청했다. 10㎞가 어느 정도 거리인지 체감도 못 했고, 어느 정도 페이스로 달려야 하는지도 모르는 정도였다.

그런데 마라톤을 신청하고 나니 또 하나의 목표가 생겨 본격적으로 더 열심히 뛰기 시작했다. 한번은 우연히 지인 소개로 러닝크루에 게스트로 참여해 다 같이 뛰었는데, 그날을 잊을 수 없다. 내가 본 한강 야경 중 가장 멋진 날이었다. 함께 뛰니 제대로 달릴 수 있었고, 혼자였다면 분명 중간에 걷거나 포기했을 수도 있을 법한데 끝까지 뛰었다. 함께하는 힘의 위력을 실감할 수 있었다.

처음엔 1㎞를 6분 30초 안에 달리는 페이스도 숨이 찰 정도로 힘들었다. 겨우 4㎞를 달리고 나면 숨이 턱 끝까지 차올라서 쉬어야만 했다. 그래도 다음 날 또 달렸다. 그랬더니 어느새 6분 10초 페이스가 되었고, 호흡법을 조절하니 숨 쉬는 게 힘들지도 않았다.

그렇게 마라톤 첫 대회를 2월에 참가해 1시간이라는 기록을 얻었다. 아주 초보 러너인 수준이지만 무사 완주를 했다는 것만으로도 성공이었다. 그 후 3월 서울 동아 마라톤에서는 58분 59초로 달렸다. 지난번 첫 대회 기록보다 '1분 1초'를 줄였다. 기록이 얼마가 되었든지 지난번의 나보다 빨라졌다는 사실이 중요했고, 자랑스러웠다. 그리고 튼튼한 두 다리로 완주할 수 있음에 감사했고 그걸로 충분했다.

마라톤은 수많은 인파 속에 묻혀 같은 목표 지점을 향해 함께 달린다. '함께' 그리고 '같은' 목표를 가지고 달리는 일이 참 행복하다. 나는 프로나 선수가 아닌 건강한 초보 러너일 뿐이기에 마라톤에서의 경쟁 상대는 오로지 나 자신뿐이다. 매번 뛸 때마다 나의 한계를 넘어서는 것에 집중하고 초점을 맞춘다. 2월 첫 대회에는 1시간, 3월엔 58분 59초, 현재는 4월 마라톤을 앞두고 있는데, 그땐 또 얼마만큼 나의 한계를 뛰어넘을지 기대된다.

나에게 러닝 이유와 목표를 묻는다면 이렇게 답하고 싶다. 매일 달리면서 건강한 몸을 얻고, 건강한 마음으로 건강한 생각들을 떠올리는 것. 그리고 어제보다 1초 더 빨리, 혹은 어제보다 100m 더 달리면서 매일 성장하는 것이 목표라고 말이다.

Q&A

- 내가 일주일에 운동하는 횟수는?
- 내가 가장 좋아하는 운동은 무엇인가?
- 이번 주 운동 계획을 세워보자.

5장

미래를 내 눈앞에 가져다 놓는 방법

새벽의 주인공이 되어라

지금은 낮일까? 밤일까?

회사를 그만두고 나니 가장 먼저 달라진 게 생활 패턴이었다. 좋든 싫든 아무리 피곤하고 졸려 죽겠더라도 몸을 일으켜 강제적으로 출근해야 하는 일이 없어지니 한없이 늘어져서 몸을 침대에서 떼려야 뗄 수가 없었다. 처음엔 출근에서 해방되어 시간에 구애받지 않고 마음 놓고 자고 싶은 만큼 자고, 쉬고 싶은 만큼 쉬었다. 그동안 회사 다니느라 고생했으니 이 정도는 쉬어도 된다는 보상심리가 컸다.

그런데 그렇게 일주일을 쉬고 열흘을 쉬어도 컨디션은 전혀 나아지지 않았고, 오히려 갈수록 몸은 더 무거워졌다. 분명 눈은 떠 있는데 몸은 왜 이리 무거운지, 한번 몸을 일으키려면 속으로 수많은 다짐이 필요했다. 하지만 그 다짐들에 수많은 핑계가 더해져 내 몸을 일으키지는 못했다. 결국엔 눈부신 아침이 되어서야 잠이 들고, 모두가 깊이 잠든 새벽에 올빼미처럼 말똥말똥한 눈을 하고 우두커니 깨어 있었다.

밤낮이 바뀌니 시간이 어떻게 흘러가는지도 모르겠고, 하루가 지나간다는 게 체감되지도 않았다. 한 번은 아침까지 잠이 들지 못해서 오늘만큼은 꼭 생활 패턴을 원상복귀하리라 마음을 먹고 에너지 드링크를 원샷하고는 점심때까지 뜬눈으로 밤을 지샜다. 조금만 더 버텨서 저녁에 곯아떨어지면 푹 잠을 자고 아침에 개운하게 일어나는 게 나의 계획이었다.

내 몸이 계획대로 움직였으면 얼마나 좋았을까. 당연히 계획대로 되지 않았다. 내 계획은 그럴싸한 상상에 불과했다. 에너지 드링크도 소용없이 점심때 잠이 들어서 그날 밤이 지나고, 다음날 해가 중천에 떠서야 정신을 차렸다. 안정적인 생활 패턴은 무슨! 오히려 죽은 듯이 밀린 잠을 자느라 하루가 깜빡 지나갔다.

어느 날은 눈을 떠서 시계를 확인하니 5시 30분이었는데, 지금이 푸르스름한 새벽 5시 30분인지, 해가 져가는 저녁 5시 30분인지 헷갈려서 창문을 열고 몇 초간 멍하니 생각에 빠진 적도 있었다. 너무나 막연하게 시간을 낭비하며 흘려보내고 있었다. 몸은 편하게 누워있으면서도 정작 마음은 불편하고 머릿속은 복잡했다. 난 이러려고 회사를 박차고 나온 게 아니었다. 내가 하고 싶은 일 하면서 더 잘 먹고 잘살려고 나왔는데, 이렇게 아까운 시간을 흘려보내며 허송세월할 수는 없었다.

나만의 새벽 기상 필승법

내 나약해 빠진 의지가 자의로 컨트롤이 안 되면 타의로라도 몸을 일으켜야 한다고 마음먹었다. 내가 생각해낸 방법은 '출근'이었다. 출근만이 내 몸을 번쩍 일으켜낼 수 있는 가장 효과적이고 강력한 방법이었다. 그리고 백수 4개월 차에 접어들던 터라 수중에 돈도 떨어져 가고 있었기에 나에게는 새벽 아르바이트가 오히려 일석이조인 셈이었다.

이 생각을 하고 그날 바로 새벽 아르바이트에 지원했다. 이른 새벽에 하는 일들 중에서도 내게 적합하고, 하고 싶은 일로 지원했다. 평소 옷을 좋아하고, 대학생 때도 백화점 패션 브랜드에서 근무한 경험이 있으니 온라인 쇼핑몰의 창고에서 옷들을 포장하고 분류하는 아르바이트에 지원했다.

백화점 근무 경력이 있어서인지 그 다음날 바로 출근하라는 연락을 받았다. 그렇게 안 일으켜지던 몸을 또다시 '출근'이라는 강제적 요인으로 4시 30분에 일으켰다. 새벽 4시 반이라니, 그 시간에 집을 나서는 건 아무래도 피곤한 일일 거라고 생각했다. 심지어 이제 막 여름이 다 지나가고 선선한 가을바람이 불기 시작하던 때라서 급격히 해가 짧아졌고, 버스 타러 걸어가는 길은 사방이 깜깜했다.

피곤할 거라고만 상상했던 그 낯선 시간대에 밖에 나와 새벽 공기를 들이마시며 발걸음을 내딛는 그 순간, 내가 느낀 기분은 '짜릿함'이었다. 밤낮 구분 없는 나날들을 보내다가 새벽의 주인공이 된 것만 같은 그 기분은 내가 멋진 사람이 된 듯한 성취감을 느끼게 해주었다. 강제적인 이유야 어찌 되었든 그 시간에 몸을 일으켜 나온 것만으로도 일단 목표 달성이었다.

내가 이 시간에 이 거리를 걸어본 적이 있었나? 내가 서울에서 5시 20분에 버스 첫차를 타본 적이 있었나? 내가 남들 자는 시간에 일어나 하루를 시작해본 적이 있었나? 새벽이 이렇게 상쾌했던 적이 있었나? 버스 첫차를 타러 걸어가는 그 짧은 10분 동안 많은 생각들이 머릿속을 스쳐 지나갔다.

앞서 언급했던 갓생 모임(3-4장 참조)을 시작했을 때, 나는 이제 막 새벽 기상 두 달 차였다. 평일, 주말 구분 없이 매일 새벽 일찍 일어나는 나를 보고 다들 혀를 내두르며 정말 대단하다 칭찬 일색이었다. 어떻게 하면 그렇게 일찍 일어날 수 있는지 나의 의지와 행동력에 감탄했다. 그러면서 제각기 '미라클 모닝' 실패담을 늘어놓았다. '세상에서 가장 시끄럽고 요란한 자명종 시계를 샀지만 소용이 없었다', '안 일어나면 핸드폰이 잠금 되는 어플을 써봤지만 효과가 없었다', '오히려 낮에 병든 닭 마냥 피곤해서 도저히 못 일어나겠다', '일찍 일어나려다 결국은 밤을 새는 날이 부지기수였다.' 등등 많은 이유들이 있었다.

사실 나는 누구와도 같이 의지가 약하기도 하고, 게으르기도 한 사람이라 이보다 더 강력한 '새벽 아르바이트'라는 방법을 썼던 사실을 친구들이 지금 이 책을 통해 알게 되면 아마 나의 의지력에 다시 한번 놀랄 수도 있겠다. 나는 '새벽 기상'을 '새벽 출근'이라는 강제적인 방법으로 시작했다. 자의로 안되면 타의로라도. 그게 내가 미라클 모닝을 할 수 있었던 나만의 필승법이다.

미래를 바꾸고 싶었다

내가 새벽의 주인공이 되어야 했던 이유는 내 미래를 바꾸고 싶어서였다. 몸은 편하지만 머리는 지끈거리는데 누워서 시간을 흘려보내는 것은 절대 행복한 일이 아니었다. 이대로 시간을 낭비하며 흘려보내면 나중에는 몸도 고달파지리라는 것을 잘 알고 있었다. 그건 내가 원하는 미래가 아니었다. 다른 미래를 맞이하기 위해서는 다른 오늘을 살아야 했다. 드라마에서도 주인공이 타임머신을 타고 미래에서 과거로 가게 됐을 때, 그 과거에서 이전과 다른 선택을 하게 되면 미래 전체가 바뀌는 것처럼, 오늘 내 하루가 바뀌면 인생 전체가 달라진다고 생각했다.

내가 가진 건 오직 시간뿐이었다. 그래서 그 누구보다도 시간을 잘 써야겠다고 마음먹었고, 누구에게나 똑같이 주어지는 시간을 가장 잘 활용하는 사람이 누구보다 가장 성공할 거라고 믿었다. 이게 내가 새벽 아르바이트를 하면서까지도 몸을 일으켜야만 했던 이유다.

하지만 그 새벽길에 내가 느낀 건 '짜릿함'과 '성취감'뿐만이 아니었다. 동시에 '초라함'도 나를 찾아왔다. 내가 번듯한 회사를 그만두고 아르바이트를 하러 가는 게 맞는 건지, 나는 아르바이트가 아니면 새벽에 일어나지도 못하는 사람인 건지, 내가 너무 사서 고생하는 건 아닌 건지 하는 등 갖가지 생각들로 그 어둠 속에 홀로 걷는 내 모습이 초라해 보이는 순간도 물론 있었다. 그날은 유독 내 키보다 두 배는 더 크고 긴 그림자마저 작게 느껴질 정도였으니 말이다. 그럼에도 불구하고 나는 오늘 내가 움직이는 이 하루로 인해 반드시 내 미래가 달라질 것이라고 확신했기에 그 초라함은 그리 오래 가지 않았다. 그 걱정들은 몇 걸음만 내딛다 보면 금방 떠오르는 눈부신 햇살에 감쪽같이 사라져버리고 말았다.

새벽 아르바이트는 한 달 정도 하고 그만두었지만, 그 이후로 지금까지 수개월 동안 매일 새벽 4~5시에 사이에 눈을 뜨고 일어나 하루를 시작한다. 이제는 더 이상 새벽 기상이 미션이 아니라 하나의 습관으로 굳어져서 알람 없이도 그 시간쯤 되면 눈이 떠지고 정신이 맑아진다. 더 이상 안 일으켜지는 몸을 일으키려 수많은 다짐이 필요하지도 않다. 매일같이 하는 나만의 모닝 루틴도 생겼다. 마침내 새벽의 주인공이 되었다. 새벽의 주인공이 되었더니 내 인생의 주인공이 되었고, 이제는 행복한 미래가 그려진다고 당당히 말할 수 있다. 우리에게 주어진 하루하루가 소중하고 중요하다는 사실을 절대, 한시도 잊어서는 안 된다. 시간을 낭비하는 건 인생을 낭비하는 것과 같다.

Q&A

- 내가 인생에서 가장 나태하게 보냈던 시간은?
- 나의 평균 기상 시간은?
- 나만의 새벽 기상 필승법은?

버킷리스트를 실제 실현하라

꿈은 이루기 위해 꾸는 것

누구에게나 꿈과 희망이 있다. 각자 품고 있는 꿈과 희망의 방향이나 목적은 개인의 가치관, 경험, 환경, 문화 등에 따라 다를 수는 있어도, 자신의 삶에 대한 기대는 누구나 있다. 사람에게는 발전하고, 성장하고 좀 더 나은 삶을 추구하고자 하는 본능이 있기 때문이다. 꿈과 희망은 인간이라는 생명체의 본성에 깊이 뿌리 내려 있다.

그렇기에 하루하루 견디며 살아가는 현실이 아무리 팍팍하다고 할지라도 상상만 해도 웃음이 절로 나오는 행복한 미래를 마음속 한 켠에 고이 간직한 채 버티고 살아간다.

하지만 꿈은 마음속에 간직하기 위한 것이 아니다. 끝내 이루려고 꾸는 것이다. 이 세상에 모든 성공이 한때는 다 꿈이었다는 말처럼, 꿈은 반드시 현실이 된다. 대개는 꿈은 이루기 어려운 것이라고 생각하는데, 이루어내기 어려울 정도로 큰 꿈을 목표로 삼는 것은 괜찮지만 그게 아니라 목표를 그저 꿈으로만 치부해버려서는 안 된다.

나는 어려서부터 꿈이 컸다. 오지 여행가 '바람의 딸' 한비야처럼 '걸어서 지구 세 바퀴 반'을 돌고 싶어 했고, 반기문 UN 전 사무총장처럼 우리나라를 위해 힘쓰고 싶어 했으며, 힐러리 클린턴 전 국무장관이자 뉴욕주 전 상원의원처럼 당당하고 멋지게 세상의 중심에 우뚝 서고 싶었다.

성인이 되고 사회생활을 시작하고 나서부터는 남들이 100만 원을 벌고 싶어 할 때 나는 1,000만 원을 벌어야지 생각했고, 회사에서 3,000만 원의 매출을 올리라고 하면 나는 1억을 채웠다. 내가 꾸는 꿈과 미래는 적어도 남들보다 10배 이상 컸다.

내가 이렇게 큰 목표를 갖는 세 가지 이유가 있다. 첫째, 쉽게 달성 가능한 목표를 설정하면 그 목표를 추구하는 과정에서 모든 것을 다 쏟아부었지만 결국 달성한 뒤에 맛보게 될지 모를 '현타' 혹은 '허탈함'을 느끼기 싫어서다. 또한 목표를 달성한 뒤 현실에 안주하거나, 목표가 사라졌다는 생각에 다음 목표를 찾기까지 헤맬지도 모른다는 걱정도 있다. 그래서 당장 이룰 수 있는 목표보다는 좀 더 높은 수준의 목표를 설정하고, 긴장감을 유지하며 노력한다.

둘째, 마음가짐 때문이다. 쉬운 목표를 설정했을 때와 어려운 목표를 설정했을 때 갖게 되는 마음가짐은 시작부터 다르다. 목표가 10일 때보다, 100일 때 필요한 노력은 몇 배 이상이다. 이렇게 하면 시작부터 다른 마음가짐으로 임하게 되고 결과적으로 더 높은 목표를 달성할 수 있게 된다. 마음가짐이 달라지면 얻는 결과도 달라진다.

셋째, 높은 목표를 달성할수록 성취감과 보상감이 함께 높아지기 때문이다. 해내지 못할 것만 같았던 일을 해냈을 때의 쾌감은 온몸에 전율이 흐르는 느낌과도 같다. 사람이 쾌감을 느낄 때 분비되는 신경전달물질인 도파민(Dopamine)의 자극은 몇 초, 몇 분 정도로 매우 짧을지 몰라도, 그로 인해 학습된 경험은 더 많은 동기부여를 해주고, 더 높은 수준의 목표를 향하도록 해준다.

현실에 안주하지 않고 날마다 기대되는 삶을 살기 위해서는 높은 목표를 가지고 앞으로 나아가야 한다. 굳게 박힌 꿈과 희망의 뿌리로 삶에 대한 기대를 가지고 나만의 목표를 설정해보자. 목표한 꿈은 언젠가 반드시 이루어진다.

꿈은 꾸되 가능성은 상상하지 않기

상상은 자유이자 상상의 나래를 펼치는 일은 언제나 즐겁다. 특히나 잠들기 전에 눈을 감고 누워서 머릿속으로 펼치는 행복한 상상의 나래는 끝도 없다. 로또 1등에 당첨되면 그 돈을 어디에 어떻게 쓰면 좋을지 상상한다든가, 좋아하는 연예인을 실제로 눈앞에서 마주치게 되면 어떻게 인사할지 설레는 상상, 어느 날 램프의 요정 지니가 나타나서 소원을 들어준다고 하면 내 소원은 말하는 대로 다 이루어지는 거라고 대답하는 상상, 하울의 움직이는 성처럼 문을 열면 전 세계로 순간이동을 할 수 있는 상상들처럼 말이다. 현실적으로 절대 불가능할지라도 얼마든지 우리는 실제 일어난 일처럼 상상하곤 한다.

하지만 정작 진심으로 이루어지길 바라는 현실적인 꿈이나 목표는 실제 일어난 일처럼 믿지 못한다. 왜일까? 왜 우리는 현실적인 목표보다 비현실적인 꿈을 더 진짜로 믿는 걸까? 아마도 꿈에 앞서 가능성을 따지기 때문일 것이다. 비현실적인 상상이야말로 가능성이 없기 때문에 어디까지고 꿈꿀 수 있다지만, 현실적인 꿈은 해보기도 전에 판단을 내려버린다. 하지만 꿈을 이루기 위해서는 실제로 일어난 것처럼 믿어야 한다. 미리 가능성을 판단하지 말아야 한다.

어느 인터넷 강의에서 선생님이 해주신 이야기가 있다. 수능이라는 시험이 내가 1등급을 받을지 5등급을 받을지 알고 보는 시험이 아니라고. 점수가 얼마나 어떻게 나올지 모르지만 일단 열심히 하고 보는 거라고. 결과를 미리 알 수도 없고, 원하는 대학에 갈 수 있을지 가능성도 모르지만, 따지지 않고 공부하는 거라고. 우리가 꾸는 꿈도 마찬가지다. 결과도, 가능성도 알 수 없지만 일단 해보는 거다.

머리가 아닌 눈으로 보는 꿈

나는 원하는 꿈을 머리가 아닌 눈으로 본다. 눈에 담고 마음에 넣어서 꼭꼭 잠근다. 생각이 머리로 올라가 제멋대로 가능성을 판단하지 못 하게 한다. 1년 만에 100만 부가 판매되고, 아마존 재팬 종합 1위를 차지한 베스트셀러 《미치지 않고서야》(미노와 고스케 지음, 21세기 북스, 2019)에 이런 말이 나온다.

"도대체 무슨 말을 하는 건지. 처음부터 실패할 거라 생각하고 싸우는 바보가 어디 있단 말인가."

그리고 이보다 더 강력한 한 문장이 있다.

"하고 싶은 것, 생각난 것을 곧장 실행으로 옮길 수 있는 세 살 어린아이는 무적이라 해도 좋다."

일본의 천재적인 편집자 미노와 고스케가 말하는 것처럼, 우리는 꿈을 꿀 때 무적과도 같은 세 살 어린아이처럼 상상하고 행동할 필요가 있다.

내 책상 앞에는 알록달록한 포스트잇이 빼곡하게 붙여져 있다. 이번 주 해야 할 일, 외워야 할 영단어, 명언 그리고 목표들을 전부 큼직하게 적어서 붙여 놓았다. 책상에 앉아 책을 보다가도 노트북으로 영화를 보다가도 밥을 먹다가도 잠시 멍을 때리다가도 고개만 돌리면 보이도록 해두었다.

간절히 바라는 목표가 생기면 처음에는 매일 떠올리지만, 조금만 시간이 지나면 어느새 잊히기도 하고 간절했던 마음도 시들어지기 때문에 한시도 잊지 않고 초심을 붙잡기 위해 늘 보이는 곳에 적어 붙여둔다. 그리고 또 다른 방법으로는 이사 가고 싶은 집, 언젠가 만나고 싶은 존경하는 사람, 가고 싶은 세계 여행지들을 핸드폰 배경 화면으로 설정해둔다.

퇴사 후에 주 수입원이 사라지고 생활비 걱정에 시달릴 때는 1억 원짜리 수표를 배경 화면으로 설정해두었다. 돈이 없다는 근심, 걱정으로 현실에 쫓기지 않고 열심히 하는 만큼 돈이 나에게 들어오리라 주문을 외웠다. 지금 이 책을 쓰는 동안에 내 핸드폰 배경 화면은 한 인터넷 서점의 베스트셀러 목록에 내 이름과 책 표지를 합성해둔 사진이다. 내가 원하는 일이 이미 일어난 일이라고 믿는다. 원하는 꿈이 이미 이루어졌다는 상상을 하는 게 쉬운 일은 아니지만 간절한 마음으로 눈을 감고 그려본다.

적으면 이루어지는 버킷리스트

내가 책을 쓰기 시작했을 때 가장 먼저 한 일은 '나'라는 사람을 아는 일이었다. '나'라는 사람은 어떤 사람이고, 어떤 삶을 살아왔고, 앞으로 어떻게 살아가고 싶은지. 내가 책을 쓰기로 마음먹은 이유와, 그래서 이 책을 통해서 무슨 이야기를 전하고 싶은지에 대해 알아야 했다. 나를 가장 잘 아는 사람은 나이면서도, 동시에 나를 가장 모르는 게 바로 나였다.

먼저 기억이 나는 순간까지 되짚어내서 가장 어렸을 때의 기억부터 회상했다. 그리고 노트북에 저장된 자료들과 핸드폰에 기록

된 사진들을 다 훑어보았고, 마지막으로는 메일함에 들어가서 '내게 쓴 메일함'을 정독했다. 그러던 중 8년 전에 쓴 버킷리스트를 발견했다. 제목은 '20대에 하고 싶은 버킷리스트'였다. 2015년에 적어두고는 그 뒤로 까맣게 잊고 살았다. 8년 만에 파일을 다시 열어보고는 놀라움과 동시에 감격스러웠다. 지난 8년이라는 시간 동안 잊고 살았다고 생각했던 일들을 어떻게든 하나씩 해내고 있었다. 31가지의 목록이 있었는데 그중에 20가지가 해낸 일들이었다. 20대 후반이 된 지금 보면 귀여울 만큼 소박한 소원도 있고, 변함없이 지금까지도 설레는 일도 적혀져 있다.

이 버킷리스트를 보고 깨달았다. 사람은 결국 원하는 방향대로 살아가고, 언젠가는 깊은 마음속에 간직한 꿈을 이루어가며 살아간다는 것을. 8년 전에 그랬듯, 나는 오늘도 꿈을 꾸고 상상한다. 그럼 또 8년이 지난 뒤에는 많은 것들이 이루어져 있을 것이라 믿어 의심치 않는다. 다시 한 번 강조하고 싶다. 머릿속으로 상상하고, 두 눈에 담고 마음으로는 굳게 믿는다.

Q&A

- 올해 이루고 싶은 버킷리스트 10가지를 적어보자.

수익률 1,000% 투자로 경험을 산다

세상에서 가장 승률 좋은 투자 방법

시중 은행들의 예금 평균 금리는 약 4%이고, 주식 시장의 평균 수익률은 지난 100년간 약 10%이다. 하지만 특정 연도의 수익률은 8~10%이며, 나머지 연도들의 수익률은 훨씬 낮거나 훨씬 높다. 그런데 약 10%의 수익률마저도 매년 인플레이션으로 인해 실질적으로 2~3%의 수익률을 잃는다고 한다. 이렇게 투자 수익률을 얻기 힘들다지만, 우리는 모두 수익률 1,000%를 낼 수 있는 방법을 가지고 있다. 바로 '나 자신에게 투자하기'이다. 이 세상에서 가장 수익률이 높은 상품은 바로 나 자신이다.

사실 나는 이때까지 경제 신문을 들여다보거나, 주식 시장을 이해하거나, 부동산 서적을 읽거나 하는 등의 제대로 된 재테크를 공부해본 적이 없는, 투자에는 영 꽝인 사람이다. 삼성전자 주식이 한창 유행처럼 번져 너도나도 몇 주씩 샀다던 때에도 주식을 잘 모른다는 핑계로 주식의 세계로 뛰어들지 않았었고, 그저 주변에서 다 한다고들 하니 나도 해야 할 것만 같아서 순전히 호기심으로 내가 일하던 분야의 주식을 몇 번 사고팔았다가 하루종일 핸드폰을 붙잡고 전전긍긍하게 되어 일주일 만에 모두 팔아버렸다. 주식에 넣은 한 푼 두 푼의 작은 손실에도 심장이 철렁거렸다.

그래서 나는 투자하는 즉시 원금 100%가 보장되며, 1,000% 또는 그 이상의 수익률을 낼 수 있는 나에게 가장 많이 투자하기로 했다. 사실 수익률 1,000%라고 한정 지을 수도 없다. 무한대에 달하는 수익률을 낼 수 있기 때문이다. 나에게 투자한다면 더 이상 시중 은행 금리를 걱정하지 않아도 되고, 예측할 수 없는 시장 변동성에 안절부절하지 않아도 된다. 당신이라면 이 상품에 투자하지 않을 수 있겠는가? 투자를 하지 않을 이유가 전혀 없다. 물론 예금이나 주식 등 모두 좋은 재테크 방법이다. 그러나 그중에 나에게 가장 먼저 귀중한 돈과 시간 그리고 정성을 쏟는 방법이 가장 현명한 투자라는 말이다.

더러는 삶에 여유가 너무 없어서 나에게 투자할 돈과 시간조차 없다고 말하는 사람들이 있다. 하지만 '투자한다'라는 개념은 단순히 돈과 시간만을 의미하지 않는다. 사전적 정의로도 알 수 있듯이 '투자하다'란 '이익을 얻기 위하여 어떤 일이나 사업에 자본을 대거나 시간이나 정성을 쏟는다'라는 뜻이다. 즉, 정성을 쏟는 것도 투자로 볼 수 있다. 그러니 돈이 없으면 시간이라도, 시간이 없으면 정성이라도 쏟아부으면 된다. 내가 나에게 돈과 시간을 쓰고 정성을 쏟아붓는다면 그것이 바로 수익률 1,000%의 투자 상품이나 마찬가지다.

직접 경험과 간접 경험

나는 경험에 가장 많은 돈과 시간 그리고 정성을 쓴다. 경험이야말로 오랜 시간이 지나도 절대 휘발되지 않는 영원한 나의 자산으로 남는다. 한번 경험한 것은 의식적이든 무의식적이든 우리의 뇌에 새겨진다. 그래서 지금 당장은 경험을 통해 변하는 것이 없더라도 언젠가는 내 인생을 송두리째 바꿔놓을 만한 경험이 될 수 있는 법이다. 그러니 시선을 발끝에 머물러서 한 치 앞만 내다보지 말고, 오늘의 경험이 쓸데없는 경험이라는 생각을 하지 말아야 한다.

경험이라고 하면 몸소 오감으로 느끼는 직접 경험과 글이나 매개체를 통해 얻는 간접경험이 있다. 이 둘 중 직접 경험이 더 우선시되며 중요하다고 생각하지는 않는다. 어떤 경험을 하든지 가장 중요한 것은 그 경험을 어떻게 받아들이냐의 차이다. 같은 경험을 하더라도 그것을 어떻게 이해하고 흡수하는지에 따라 그 경험의 가치가 달라진다. 경험을 좋은 영양분으로 만드는 것은 내 몫이다. 누구든지 많은 일들을 겪고 경험하며 살아간다. 하지만 경험을 밑거름으로 하여 원동력으로 삼거나 삶을 업그레이드시키는 것은 마음먹기에 따라 달려있다. 같은 경험을 하더라도 누군가에게는 행운이 되고 누군가에게는 시간 낭비가 되는 이유다.

오늘의 경험이 모여 미래의 내가 된다

내가 한 직접 경험으로는 여행과 운동이 있다. 어려서부터 주말이면 가족들과 전국 방방곡곡을 참 많이도 돌아다닌 기억이 있다. 물론 어릴 때라 정확한 기억은 나지 않지만, 그때 내가 느낀 기분이나 감정 또는 나만의 추억은 또렷하게 남아있다. 그때의 크고 작은 경험으로부터 얻은 다양한 감정들이 내게 좋은 영양분이 되었음이 틀림없다. 내가 여행을 좋아하는 이유도 마찬가지다. 시간이 지나면 언제 어디를 누구랑 갔는지 구체적인 기억은 다소 흐릿해질지 몰라도 그 순간 내가 보고 듣고 느낀 감정은 고스란히 내게 남아 튼튼한 하나의 뿌리가 되어준다. 심지어 정말 좋았던 여행지에서의 순간은 집으로 돌아온 이후에도 그때의 향기가 코끝에 오래도록 머문다. 세계의 유명한 호텔들이 자신들만의 고유한 향수를 어매니티로 사용하는 이유도 그곳을 떠나더라도 향기는 오래 기억되기 때문이라는 이야기가 괜히 있는 말이 아닌 것 같다.

대학생이 되고 나서부터는 좀 더 자유롭게 많은 곳을 많이 여행했다. 아르바이트로 조금씩 모은 돈의 거의 전부를 여행에 썼다. 그 당시 모았던 작고 소중한 돈으로 물건을 샀다면 지금쯤 유행이 지났거나 낡아 있을지 모르지만, 여행했던 추억은 내게 평생 남는다.

퇴사하고 나서는 홀로 이곳저곳을 돌아다녔다. 전라북도 임실의 산속 깊은 곳에 가서 2박 3일 동안 혼자 지냈다. 임실군에서도 인적이 드문 산골짜기에 위치한 숙소였기에 체크인을 할 때 필요한 것들을 다 사가지고 가서는 3일 동안 숙소 밖을 두문불출했다. 야외 활동이라고는 숙소 앞마당에 나와 흔들의자에 앉아 산봉우리를 바라보는 게 전부였다. 퇴사를 하고 막막한 마음에 떠났던 여행이었던 만큼 복작거리고 소란스러운 모든 상황에서 벗어나 지친 나에게 맑은 공기로 환기를 시켜주었다. 읽고 싶었던 책 딱 1권을 골라서 하루 종일 읽었고 낮잠도 원없이 잤다.

그다음에는 인천으로 떠났다. 퇴사를 하고 대전에 내려가서 좀 쉬려고 했는데 엄마, 아빠의 걱정 어린 잔소리가 듣기 싫어서 며칠 만에 짐을 싸 들고 다시 서울로 향하는 길이었다. 그런데 나도 내가 앞으로 뭘 할지 모를 일이니 얼마나 답답했을까. 도저히 답답한 마음에 서울 자취 집에 도착해도 할 게 없으니 서울을 가던 도중 인천으로 차를 돌렸다. 그러고는 서점에 가서 읽고 싶은 책 5권을 사서 무작정 숙소로 들어갔다. 인천에서도 똑같이 혼자, 낯선 곳에서, 책을 읽었다.

혼자 하는 여행은 나를 많이 들여다보는 시간이다. 낯선 곳에서의 나는 어떤 기분인지, 나는 혼자 있을 때 어떤 사람이 되는지, 시끄러운 모든 소리를 음소거하고 나와 대화할 수 있는 시간이다.

만약 여행을 하기에 돈이나 시간이 부족할 때 내가 쓰는 방법이 있다. 바로 골목 탐방이다. 집 앞의 골목 사이사이를 걷거나 자전거를 타며 골목길을 누빈다. 여기저기 가게들의 간판을 구경하기도 하고, 도로의 이정표를 읽기도 하고 큼지막하게 걸린 현수막을 쳐다보기도 한다. 그러면 그동안 같은 길을 여러 번 다녔음에도 보이지 않던 것들이 눈에 보인다. 그렇게 새로움을 발견하는 재미로 골목 곳곳을 구경하는 것도 재미있는 여행이 될 수 있다.

두 번째 직접 경험은 운동이다. 드라마 〈미생〉의 10화에 나오는 유명한 대사가 있다.

'이루고 싶은 게 있다면 체력을 먼저 길러라'

이 말을 난 이제는 공감할 수 있다. 책을 쓰는 일도, 마라톤도 무언가 일을 시작했으면 끝까지 완주해야 하는데 점점 체력이 떨어지면 아무것도 끝맺음을 할 수가 없다. 뒤로 갈수록 흐지부지되어 마무리가 제대로 되지 않는다면 시작을 안 하느니만 못한 게 되어버린다. 그 뒤에 이어지는 대사 "체력이 약하면 빨리 편안함을 찾게 되고 그러면 인내심이 떨어지고 결국 그 피로감을 견디지 못하면 승부 따위는 상관없는 지경에 이르지. 이기고 싶다면 너의 고민을 충분히 견뎌줄 몸을 먼저 만들어. 정신력은 체력의 보호 없이는 구호

밖에 안돼."처럼 끝까지 완주할 수 있는 체력을 먼저 길러야 한다.

그리고 내가 간접 경험으로 꼽는 것 중에 일등은 단연코 독서다. 책은 15,000원 그 이상의 가치를 가져다주는 가성비 최고의 방법이다. 나는 어느 상황에서건 책을 가장 많이 활용한다. 매일 손 뻗으면 닿을 자리에 책을 두고 틈이 날 때마다 읽는다. 넷플릭스나 SNS보다 재미있다고 하면 믿을지 모르겠지만 사실이다. 책이 주는 흥미로움과 여운을 SNS는 발끝만큼도 따라가지 못한다고 생각한다. SNS에서 의지와 상관없이 보게 되는 영상들은 단순 흥미로 끝나거나 새로고침으로 새로운 영상이 뜨면 바로 잊혀지지만 책으로 접하는 지식의 세상과 흥미진진한 신세계는 한 번 빠져들면 아주 오래 기억에 남을 뿐만 아니라 내 삶과 행동의 전반적인 영역에 직접적으로 영향을 주기도 할만큼 강력하다.

또 다른 간접 경험으로는 영화가 있다. 영화로도 현실에서는 접하기 어려운 다양한 경험들을 할 수 있다. 특히 한 번 재미있게 본 영화는 다음에 또 보는 것을 좋아한다. 같은 영화를 봐도 매번 새롭다. 분명 지난번엔 못 보고 지나쳤던 장면이 두 번째에는 유독 와닿는 장면이 되기도 하고, 처음보다 두 번째에 진정한 대사의 의미를 깨닫기도 한다. 같은 경험을 여러 번 반복해도 그때마다 남겨지는 것은 다르다.

매일 똑같이 반복되는 지겹고 단조로운 일상에서 벗어나 때로는 생소하기도 하고 다양한 경험들을 많이 했으면 좋겠다. 다양한 경험에 자신을 노출 시키는 만큼 삶을 확장해 나갈 수 있다.

기회가 내게 우연히 올 때까지 기다리지 말고 먼저 많은 기회들을 찾아 나서야 한다. 그 기회들로 많은 경험을 통해 좋은 영양분으로 만들어 뿌리가 튼튼한 사람이 되었으면 좋겠다. 무엇보다 앞으로의 인생에서 겪게 되는 크고 작은 모든 일들이 내 삶을 더 좋은 방향으로 이끌어 주리라는 것을 믿는 사람이길 바란다.

Q&A

- 나에게 투자하고 싶은 분야가 있다면 무엇인가? (요리, 재테크, 공부, 언어, 운동 등)
- 내가 나를 위해 가장 많이 투자하는 것은 무엇인가?
- 내가 소중하게 생각하는 경험은 무엇인가?
- 혼자 여행을 떠난다면 가고 싶은 여행지는 어디인가?

지금 당장 행동하라(Act Now!)

시작은 반이 아닌 전부

시작은 반이 아닌 전부가 아닐까 하는 생각이 들 정도로 모든 일은 그것을 시작하느냐, 마느냐에 따라 달려있다. 시작이라고 해서 거창하게 할 필요가 없다. 국어사전에서 정의하는 것처럼 시작은 '어떤 일이나 행동의 처음 단계'일 뿐이다. 그리고 처음은 '시간적으로나 순서상으로 맨 앞'이다. 그러니까 그저 맨 앞에 하는 한 단계 그 이상도 그 이하도 아니다. 할까 말까 망설여질 땐 해보면 된다. 어떤 일을 시작조차 안 해보고 평생 남는 아쉬움보다는 해보고 나서 후회하더라도 깔끔하게 받아들이고 다른 일을 하는게 낫다고 생각한다.

모든 일에는 행동의 연속성이 있어서 처음 행동으로 옮긴 일은 거기에서 그치지 않고 또 다른 일을 불러일으켜서 수많은 가지들이 뻗어나간다. 그 가지들은 결국 풍성한 나무가 되고 언젠가는 무거울 만큼 많은 열매가 열리게 된다.

오늘부터 '시작'이라는 단어를 바꾸어 말해보면 어떨까 한다. 시작해야 한다는 마음 때문에 부담감이 느껴질 때 사용하면 좋은 방법이다. 시작이라는 단어 대신 '한 번만'. '하나만', '한 개만' 등으로 바꾸어 말해보자. 예를 들어, 무언갈 해야겠다는 마음에 들 때 거창하게 시작하려는 마음 없이 '한 번 해보자' 하면 된다. 오늘 책 '한 장만' 읽기, 스쿼트 '한 개만'하기, 공부는 딱 '한 시간만'하기처럼 말이다.

내가 '한 번 가보자. 되면 되고, 안 되면 말고' 하는 마음으로 출판사를 찾아갔던 것처럼. 그 시작이 지금 한 권의 책이 될 줄이야 그땐 죽었다 깨어나도 일어나리라 상상하지 못했던 일이다.

일기의 나비 효과

내가 책을 쓸 수 있었던 이유는 모두 일기 덕분이라고 생각한다. 나는 글씨를 쓸 수 있던 초등학교 1학년, 8살 때부터 지금까지 20년이 넘는 시간 동안 나는 일기를 써왔다. 아무리 쓰기 싫은 날이라도 몇 글자라도 적었고, 잘 써지는 날에는 한 장을 다 채울 정도로 썼다. 이렇게 오랫동안 일기로 길러온 글 쓰는 힘이 내가 책을 쓰는 데 가장 큰 역할을 했다.

초등학생 때나 성인이 되어서도 일기를 쓰는 일이 '글'을 쓰는 일이라고는 한 번도 생각하지 못했고 그저 하루를 기록하거나 내 속마음을 털어놓는 끄적임에 불과하다고 생각하고 해온 습관이지만 나도 모르는 새 일기를 쓰면서 사고력과 문장력, 그리고 어휘력이 길러진 것이다.

'글'이라는 것에 누구나 막연한 두려움과 어려움이 있기 마련이다. 나도 좋은 글을 쓰라고 하면 아마 한 문장도 쓰기 어려울 것 같다. 하지만 사실 따지고 보면 일기도 글이나 마찬가지다. 글이라고 해서 거창할 것도 없고, 요목조목 잘 짜여진 구성이어야 할 필요도 없다. 특히나 나만 보는 일기는 더더욱 그렇다. 끄적임에 불과하더라도 그 또한 하나의 글이 되고, 그 글은 차곡차곡 쌓여서 나의 사고력을 향상시켜주며, 문장력을 키워주고 심지어 스트레스까지 해소시켜준다. 어느 한 곳에서 일어난 작은 나비의 날갯짓이 뉴욕에 태풍을 일으킬 수 있다는 나비효과처럼, 하루 한 줄 일기 쓰는 습관은 태풍을 일으킬만한 강력한 힘을 가지고 있다.

책을 쓸 때도 마찬가지다. 어느 날은 한 주제를 가지고 첫 마디를 뭐라고 시작하면 좋을지 도무지 감이 오질 않아서 몇 시간 내내 앉아서 흰 화면만 넋을 놓고 바라본다. 도무지 어떤 문장으로 글을 시작해야 할지 감조차 오지 않을 때가 있다. 그러다 보니 아무 말도 못 쓰고 며칠을 지나쳐버리길래, 안 되겠다 싶어서 무슨 말이든지 떠오르는 문장들을 두서없이 화면에 적었다. 문맥도 고려하지 않고 써 내려갔다. 그러고서는 하나씩 엮어가거나 순서를 뒤바꾸기도 하며 살을 붙이는 방식으로 글을 수정했다. 그렇게 했더니 글이 완성되고 있었다.

중도포기란 없다

일단 시작했으면 끝까지 한다. 나는 시작한 일에 있어서 도중에 포기해버리는 일이 거의 없다. 아주 어려서부터 그랬던 것 같다. 초등학교 4학년, 2004년 3월 11일의 일기다. 선생님께서 반장선거가 있을 예정이니 후보를 추천하거나 자원하라고 하신 모양이다. 그날 저녁 일기장에 담긴 나의 포부는 이랬다.

> "나는 우리 반을 돌아다니면서 나를 추천해달라고 하였다. 나는 전학을 왔기 때문에 모두 낯설어서 별로 나를 뽑아주지 않을 것 같다. 하지만!!!!!!!!!!!! 나는 절대로 절대로 포기하지 않을 것이다. 남은 2일 동안이라도 친구들과 더 친해져서 내가 꼭 반장이 될 것이다. 연설할 것도 빨리 써야지~^^"

지금의 내가 다시 봐도 어이없을 정도로 당찬 11살짜리 꼬맹이다. 보통 전학 오고 얼마 안 됐을 때는 어색하고 낯선 분위기에 먼저 적응하느라 반장선거에 나가도 친한 친구들이 없어서 뽑아주지 않을 거라고 생각할만도 한데, 어째서 그때의 나는 그렇게 당찼는지 모르겠다. 과연 2일 만에 나는 친구들의 마음을 사로잡았을지 궁금해서 바로 다음 장을 넘겼다. 이렇게 쓰여 있었다.

"가슴이 '콩닥 콩닥 콩콩콩' 뛰고 긴장이 되었다. 손에 땀이 쥐어졌다. 결과는 내가 드디어 반장이 되었다. 하늘로 날아갈 듯이 기뻤다."

19년 전의 나도 지금의 나도 포기하지 않는 건 변함없이 똑같았다. 그 이후의 일기에서도 내가 많이 적었던 말은 "하지만 나는 절대 포기하지 않을 것이다"라는 말이다.

운전면허를 딸 때도 상황은 비슷했다. 그전까지는 내가 운전을 한다는 상상을 해보지도 않았고, 차를 몬다는 것에 대한 막연한 두려움이 있었다. 하지만 필요하다면 하겠다는 배짱, 그리고 해보지 않고는 모른다는 배짱 두둑한 마음으로 실내 운전면허 연습 학원을 등록했다.

그런데 기능시험에서만 자그마치 3번을 떨어졌다. 세 번째 불합격 도장을 받으러 갔을 때 도장을 찍어주시는 분한테 한껏 풀이 죽어서 기어가는 목소리로 여쭤보았다. "이렇게 많이 떨어지는 사람 있나요..?" 그랬더니, "그럼요. 횟수 제한 없어요. 될 때까지 하면 되는 거예요." 그 말에 움츠러들었던 어깨가 조금은 펴졌다.

"그래? 그럼 될 때까지 해보자."

하필 그 시기에 친한 친구가 학원도 안 다니고 기능시험을 한 번에 붙었다며 엄청나게 자랑을 해왔다. 남들은 다 쉬워서 척척 따내는데 나는 왜 이리도 잘 안되고 어렵기만 한 건지, 역시나 운전에는 영 소질도 없고 지독하게 못하는 일이라고 생각했다.

결국 시뮬레이션 학원은 도중에 그만두고 자동차운전면허학원에 다시 등록했고, 4번 만에 기능시험을 통과하고 도로 주행은 한 번에 붙었다. 심지어 "합격입니다"라는 말 뒤에 감독관님께 "혹시 면허 취소자이신가요? 하나도 긴장을 안 하고 엄청 여유롭게 잘하시네요"라는 말을 들었다. 감독관님이 차에서 내린 뒤에 혼자 신나서 박수를 치며 환호했다.

그 뒤로 나는 회사에서 열심히 영업을 다니며 운전실력을 쌓았고, 1년 3개월 만에 16,000㎞를 주행하는 자칭 베스트 드라이버가 되었다. 운전에 소질이 없어 평생 뚜벅이로 살겠다고 어깃장을 놓던 나도 끝까지 하니 칭찬을 들으면서 합격했고, 이제는 드라이브가 내게 최고의 힐링 방법이 되었다. 그리고 그 친구는 기능시험 합격 후 1년 동안 도로 주행 시험을 보지 않아 결국 만료가 되었고 필기시험부터 다시 응시해야 되는 상황이 되었다.

스타트업에서 살아남는 방법

스타트업에 뛰어들어 알게 된 대표님과 종종 식사 자리를 갖곤

했는데, 언젠가 대표님이 스타트업으로 살아남는 방법을 알려주셨다. 사업이든 창업이든 망하기 쉬운 세상이고 여간해서는 대박나기 어렵다는 것을 인정하지만, 그중에서 살아남을 수 있는 방법이라고 하셨다. 그 방법은 사람들이 다 잊어갈 때쯤 문득 떠올렸을 때 혹은 몇 년이 지나 다시 그 사람을 찾았을 때 "쟤 아직도 그거 해?"라는 소리를 들으면 성공한다고 했다. 즉, 몇 년이라는 세월이 흘러 지나가고 누가 알아주지 않아도 포기하지 않고 묵묵히 제 갈 길 가고 있으면 언젠가 빛을 본다는 소리다. 처음에 몇 번 해보는 걸로 포기할 것 같으면 시작도 하지 않는 게 좋다고 하면서 말이다.

〈스타트업 혹한기 생존법〉이라는 주제로 열렸던 컨퍼런스에서 정선아 대표(카카오 벤처스)의 말을 하나도 빠짐없이 받아 적었다.

"스타트업이 살아남는 방법은 터널을 통과하는 것입니다. 7~8년 이상을 바라보면서 하는 일이기 때문에 터널이라고 생각하고, 일희일비하지 않고 나아가야 해요. 200개 이상의 포트폴리오가 있기 때문에 확실하게 말씀드릴 수 있는 부분은 결국 버티는 사람이 이긴다는 겁니다. 버티는 게 가장 힘들다는 걸 알지만, 봄날은 꼭 옵니다."

우리 모두가 다 아는 전자제품 다이슨만 하더라도 창업자인 제임스 다이슨은 32살의 나이에 회사에서 쫓겨나고 빚에 허덕이면서 마구간에서 몇천 개의 시제품을 만들었고, 그 이후로도 십수 년이 지난 후에야 우리가 아는 진공청소기, 헤어드라이어가 세상에 알려지기 시작했다. 결국엔 끝까지 하는 놈이 이긴다는 말을 스타트업을 준비하면서 귀에 딱지가 앉도록 들었다.

셰익스피어의 희곡 중에 이런 제목이 있다. "All's Well That End's Well(끝이 좋으면 다 좋다)." 앞서 시작하는 힘을 강조하며 일단 한 걸음부터 떼라고 한 이유도 결국 모든 변화는 행동에서 오기 때문이다. 누구나 머리로는 많은 지식을 이미 가지고 있고, 하루에도 새로운 지식들을 새겨 넣지만 새로운 사실을 알게 된다고 사람이 변하지는 않는다. 그 깨달음을 써먹고 실험해보는 사람만이 다른 인생을 살 수 있다. 오늘도 무언가를 통해 깨달은 바가 있다면 즉각 실행(Act now!)으로 당장 실천하라. 행동하는 사람만이 살아남는다. 그리고 한 번 들어선 길은 중간에 뒤돌아가지 말고, 끝까지 하는 힘을 길러야 한다.

Q&A

- 시작하지 못하고 망설이는 일이 있는가?
- 그 일을 시작하기 위해 오늘 할 수 있는 '단 한가지'는 무엇인가?
- 내가 끝까지 포기하지 않고 해냈던 일은 무엇인가?

6장

매 순간 최고의 나를 만난다

나만의 '한 끗 차이'가 다른 사람과 다른 특별함을 부여한다

코로나19로 텅 빈 거리

코로나19를 겪으면서 전 세계는 경제, 사회, 정치를 비롯한 전반적인 삶의 영역에 위기를 맞았다. 내가 근무했던 무역회사에서의 상황을 단편적으로만 보더라도 치솟는 유가로 인해 천정부지로 폭등하는 해상운임, 컨테이너 수급난으로 인한 물류 마비, 급격한 물류비 상승을 감당하지 못하고 도산한 많은 회사들까지, 물류대란은 정말로 심각한 수준이었다. 엎친 데 덮친 격으로 해외 파트너들은 재택근무가 대부분이다 보니 연락이 지연되거나 닿지 않는 경우도 허다했고, 돌연 담당자가 변경되거나 근무 인원이 줄어드는 건 매일같이 있는 일이었다.

더구나 회사가 명동에 위치해 있어 출퇴근 시간에는 외국인 방문객들과 길거리 노점들로 인해 발 디딜 틈이 없을 정도로 붐볐고, 특히나 점심시간에는 줄을 서서 대기하는 식당들이 많아서 12시되자마자 총알같이 달려 나가 자리를 잡고 앉는 게 일이었다.

그런데 코로나가 시작되고 나서 명동의 모습은 그 어느 때보다도 고요하고 한산했으며, 팬데믹이 장기화하자 급기야 명동 거리의 건물들 중 1층 점포들은 대다수가 임대문의 현수막이 걸린 채로 텅텅 비게 되었다.

국제연합(UN)의 공식 웹사이트 발표에 의하면, 코로나가 대공황 이후 최악의 경기침체를 초래했다고 설명하며 그중 국제 실업률을 언급한다. 2020년을 기준으로 전 세계 근로시간의 8.8%가 손실되었는데, 이를 일자리에 비교하자면 무려 2억 5500만 개에 달하는 정규직 일자리인 셈이다. 얼마나 많은 사람들이 팬데믹으로 인해 일자리를 잃고, 경제력을 상실했는지 상상조차 하기 힘든 만큼의 수치이다. 그중에 청년층과 여성은 특히 더 큰 타격을 받았다고 한다.

2020년 기준 전 세계 실업자 수는 81억 명에 달한다[출처 SDG Indicators(un.org)]. 팬데믹, 급변하는 정치와 경제 상황, 그리고 AI와 같은 신기술의 발전으로 인해 하루아침에 일자리를 잃고 경제력을 상실하는 일이 놀랍지도 않은 상황이 되었다. 이런 상황에서 도태되지 않고 살아남으려면 남들과는 다른 특별한 나만의 무기가 있어야 한다. 남들과 똑같기만 해서는 경쟁에서 밀려나게 되고, 아무나 내 자리를 대체할 수 있게 된다.

핑크펭귄으로 살아남아야 하는 이유

《핑크펭귄》(스노우폭스북스, 2021)은 비숍커뮤니케이션즈의 CEO이자 수년간 기업 및 브랜드들을 대상으로 차별화 비즈니스 코치를 해오고 있는 빌 비숍의 책 제목이다. 핑크 펭귄이란, 남극에서 무리 지어 있는 수천수만 펭귄 떼 중에서 자신만의 색깔로 돋보이며 눈에 띄는 존재를 말한다.

개인뿐만 아니라 기업들조차 시장에서 주목받지 못한다면 소리소문없이 사라지는 게 현실이다. 어떤 분야이든 이미 시장은 포화된 지 오래고, 레드오션에서 새로운 고객을 유치하거나 기존 고객들의 로열티를 유지하기 위해서는 브랜드가 가진 고유의 가치로 다른 기업과는 다른 차별화 전략이 반드시 있어야 한다. 수많은 선택지를 두고 꼼꼼히 비교하며 따지는 고객들을 사로잡기 위해 기업들은 아우성 친다.

내가 잠시 스타트업 업계에 발을 들이밀었을 때 이런 말을 들은 적이 있다.

"이 세상에 없는 걸 만들어내려고 하지 마세요. 이 세상에 존재하지 않는 것은 없습니다. 이미 존재하는 것 중에서 나만의 특별함을 더해야 합니다. 그래야 시장에서 살아남고, 성공할 수 있습니다. 스타트업은 발명이 아닙니다."

이 말에서 알 수 있듯이 레드오션이 아닌 시장이 없고, 레드오션에서 살아남기 위해서는 차별화 전략이 반드시 필요하다. 매력적인 상품이나 경쟁력 있는 가격을 갖추어야 하는 것은 기본이고,

그에 더해 마케팅도 엄청나게 큰 몫을 한다. 스타트업을 준비하면서 마케팅의 엄청난 효과에 대해 직감했고, 마케팅이야말로 스타트업의 흥망성쇠에 직결되는 매우 중요한 역할임을 알게 되었다. 대부분의 초기 스타트업들의 자금난으로 인한 파산 이유는 마케팅에 막대한 비용을 들였기 때문이었다.

개인의 이야기로 돌아오면, 요즘과 같이 저성장, 저고용 시대에 청춘을 맞이한 이들의 현실은 결코 녹록지 않다. 부의 초양극화는 진행된 지 오래고, 이제는 직업의 양극화와 이에 수반되는 미래 비전의 양극화까지 닥쳐오는 중이다. 안정된 사회 기반을 닦은 이들과 그렇지 못한 이들의 격차는 의식주는 물론 결혼, 여가 활동과 같은 라이프 스타일에까지 영향을 미치고 있다.

자신이 가진 '희소한' 가치를 추구하고 찾는 일에 팔 걷고 나서지 않는다면 제자리걸음만 하는 삶의 위치에서 결코 벗어나지 못할 것이다. 어떤 세상, 어느 집단에 속해 있든 자신만의 특별한 색깔을 지닌 핑크 펭귄으로 살아남는 법을 우리는 익혀야만 한다.

내가 가진 색깔

위에 말한 핑크 펭귄은 남들과는 다른 눈에 띄는 색깔로 존재감을 나타낸다는 의미를 가지고 있지만, 나는 핑크 펭귄을 한편으로는 조금 다르게 해석하고 싶다. 특별해야 한다고 해서 무조건 눈에 띄는 색깔을 가져야 할 필요는 없다는 것이다. 다른 사람들에 비해 꼭 튀는 색깔로 특별함을 나타내야 한다기보다는 내가 가진 나만의 색으로 살아남아야 한다고 생각한다. 내가 가진 나만의 색을 받아들이고 그 자체만으로도 빛이 날 수 있도록 당당히 드러내는 일이 더 중요하다고 생각하기 때문이다.

그러므로 내가 핑크 펭귄인지 아닌지가 문제가 아니라, 내가 가진 색깔을 어떻게 드러내야 할지를 고민해봐야 한다. '나'라는 사람은 이미 존재 자체만으로 남들과는 다른 특별함을 지닌 존재다. 지구상에 80억 명의 인구가 있다는 말은 곧 서로 다른 80억 개의 색깔이 있다는 말이나 마찬가지다. 내가 이 세상에서 유일무이한 존재인 것처럼, 나와 같은 색깔을 가진 사람은 어디에도 없다. 남들과 무조건 달라야 한다고 해서 눈에 잘 띄기 위해 휘황찬란한 무지갯빛을 두를 필요도 없고, 다른 사람이 가진 색깔이 탐나서 내 색깔 위에 덧칠할 필요도 없다는 말이다. 내가 가진 색이 나한테 가장 잘 어울리는 법이고, 그게 화려한 핑크 색깔이든 아니든 그건 중요치 않다.

중요한 것은 남들보다 뛰어나게 잘난 점으로 특별하기보다, 아무에게도 없는 나만이 가진 다름으로 특별한 존재가 되어야 한다는 것이다.

1% 차이로 100% 다른 결과가 나온다

특별함이라는 건 곧 1% 차이에서 나온다. 남들과 99%가 같거나 평범한 모습이더라도 나만이 가진 '한 끗'이 나를 어느 상황에서든지 돋보이게 만들어 주고, 살아남게 만든다. 내가 가진 단 1%의 특별함은 다른 누구와 비교하더라도 이길 수 있는 강력한 무기이자 강점이다.

나는 지금껏 살아오면서 99%의 평범함 속에서 나만의 1% 다른 특별한 무기로 만들어진 특별한 인생을 살아왔다.

같은 상황을 두고 다른 결과를 만들어낼 수 있는 건 전부 나의 몫이자 나의 특별함이다. 모두에게 똑같은 상황이 주어졌을 때 특별하게 살아남을 수 있는 나만의 1%를 가져야 한다.

Q&A

- 나를 색깔로 표현하자면 나는 무슨 색일까?
- 내가 남들과 다른 1%는 무엇인가?
- 남들과 다른 특별함을 느꼈던 경험이 있는가?

인생은 수학 문제가 아닌 실전이다

미제 사건은 영원히 가슴에 남는다

인생의 모든 순간은 선택의 연속이자 인생은 선택으로 이루어진 결과물이다. 그리고 사람은 누구나 매 순간 '최선'을 선택한다. 그 선택을 놓고 '최고'라거나 '정답'이라는 표현을 선불리 하지 않는 이유는, 선택한 것에 대해서만 그 결과를 알 수 있기 때문이다. 선택을 한다는 것은 여러 가지 중에 하나를 고르는 일인데, 선택하지 않은 일에 대해서는 그 결과가 어떨지 알 방법이 없고, 짐작으로만 가능하다. 내가 선택하지 않고 가보지 않은 길에 대해서 그 길이 최고인지 최악인지 또는 정답인지 오답인지는 알기 어렵다는 말이다.

나 또한 주어진 상황에서 늘 할 수 있는 최선의 선택을 하고자 했다. 하지만 돌이켜보면 내가 했던 수많은 선택과 결정들이 모두

다 옳지만은 않았다는 것을 시간이 흐르고 난 뒤에야 지금은 알 수 있다. 최선이라고 생각했지만, 차선이었거나, 그르친 판단이었다고 느껴지는 순간들도 분명 있다. 그렇다고 해서 뒤늦은 후회를 하거나 시간을 돌려 다른 선택을 했으면 어땠을지 상상에 빠지지는 않는다. 내가 한 선택에 대해 후회를 하는 것이 낫지, 그때 결정하지 못하고 흘려보냈다면 그 아쉬움은 떨쳐낼 수가 없을 것이기 때문이다.

첫사랑은 무덤까지 간다는 말이 그냥 나온 게 아니다. 심리학 이론 가운데 '자이가르닉 효과'라는 용어가 있다. 마치지 못한 일은 마친 일보다 더 오랜 잔상으로 기억에 남아 이후의 판단에도 강한 영향력을 준다는 심리학 현상이다. 그래서 제대로 불꽃 한번 피워보지 못하고 끝끝내 이루지 못한 첫사랑에 대해 사무친 그리움과 아쉬움은 평생 가슴에 남게 된다.

영화 〈헤어질 결심〉을 본 사람들이라면 여주인공 서래가 남주인공 해준에게 왜 당신의 미제사건이 되고 싶어 했는지 이제는 알아차릴 수 있을 것이다.

또 다른 예를 들자면, 드라마는 항상 이야기가 극적으로 치닫는 가장 중요한 타이밍에 '다음 이 시간에……'라는 장면으로 끝이 난다. 속 시원하게 끝마치지 못한 그다음 장면이 궁금해서 상상의 나래를 펼치느라 시청자들은 일주일 동안 오매불망 속을 태우며 기다린다.

이처럼 우리는 완성되지 못한 미완성의 것들을 마음속에서 오래도록 지우지 못한다. 그래서 나는 차라리 후회하게 되더라도 선택을 하고, 경험하지 못한 것에 대한 아쉬움은 최대한 남기지 않으려고 하는 편이다.

정답이 쓰인 책은 없다

이 책을 쓰는 몇 달 동안, 나는 책을 쓰는 사람이라면 왠지 대단하고 멋진 사람이어야 할 것만 같은 강박과 평판에 사로잡히기도 했고, 나의 글 속에 누구나 고개를 끄덕여 인정할 만한 정답을 쓰고 싶은 마음에 괴로운 마음이 들기도 했다.

그런데 시간이 지날수록 내 생각이 잘못되었음을 깨달았다. 내가 그동안 책에서 수많은 정답을 찾아왔다는 이유로 책에는 정답만이 써 있다고 생각했고, 내가 쓴 책에도 정답만 있길 바랐다. 나는 책을 거의 다 써 갈 때쯤에야 바보 같은 질문에 대한 답을 깨우쳤다. 그리고 그 진리를 깨닫자마자 괴로움을 사라졌다.

결국 정답이 쓰인 책은 어디에도 없다는 것이다. 글을 쓰는 일은 생각을 담아내는 일이고, 주장을 표현하는 일이다. 글 안에서 정답을 만나는 건 오로지 읽는 사람의 몫이다. 책에서 마주한 어떤 문장을 정답으로 삼고 살아갈지는 각자의 판단이다. 그런 의미에서 내가 쓴 글도 마찬가지로 정답이 쓰인 교과서는 아니지만, 누구든지 이 속에서 자신만의 답을 찾아냈으리라고 생각한다.

나만의 정답을 찾는 방법

책에도 정답이 없는데, 인생에도 정답이 있을 리가 없다. 인생은 이렇게 저렇게 살아야 한다고 쓰여 있는 책도 없다. 누구나 처음 사는 인생인데 정답을 알 방법도 없고, 애초에 인생에 정답이라는 건 존재하지도 않는다.

내가 가보지 않은 길을 먼저 가본 선구자의 경험도 내가 그 길을 뒤따라 걷는다고 해서 똑같지만은 않을 테니 결국 정답이 아닌 조언일 뿐이다.

내 인생에 정답은 내가 맞다고 생각하는 것이다. 내가 선택하고 정의하는 게 정답이다. 인생은 수학 문제가 아닌 실전이다. 그러니 엄한 데서 정답을 찾으려 들지 말고, 내가 정한 대로 살아가자.

지난날을 회상하며 '나는 정답이라고 할만한 인생을 살아온 사람인가?' 아니면 '뭐가 정답이었을까?' 하는 질문들은 더 이상 무의미하다. 가보지 않고서야 모른다지만, 앞으로는 살아가면서 마주한 모든 길에서 내가 원하는 길이 최선이자 최고, 그리고 정답이라고 생각하는 마음가짐이 필요할 것 같다.

여러 갈래로 나뉜 길 앞에서 갈팡질팡하며 제자리걸음 하거나 뒷걸음질 치는 인생을 살지는 말자. 가능한 한 많은 길을 탐험해봐야만 원하는 길에 가까워질 수 있지 않을까? 오늘부터는 내가 내린 선택이 최선이고, 내가 가는 길이 정답이라고 꼭 믿었으면 좋겠다. 이 세상에 정해진 답은 없다. 다만 각자 자기만의 정답을 찾을 수 있을 뿐. 그리고 인생은 수학 문제가 아닌 실전이다.

Q&A

- 영원히 잊지 못할 나만의 미제 사건은?
- 선택하지 못하고 흘려보내 후회가 남는 일이 있는가?
- 내가 정답이라고 생각하는 인생의 가치관을 적어보자.

어제보다 나은 오늘

지구를 쓰러트리는 도미노 성장법

처음 시작이 1㎝인 아주 작은 도미노가 있다. 이 도미노가 1:2 비율로 큰 도미노를 다음번에 쓰러트린다고 가정하면, 100번째 도미노는 어느 정도의 크기일까? 처음에 1㎝짜리 도미노가 쓰러지고, 그 다음에는 2㎝, 4㎝짜리, 8㎝짜리…, 그리고 계속해서 쓰러뜨리다 보면 100번째에는 2의 99승㎝가 된다. 이 숫자를 크기로 환산하면 10억㎝(10,000㎞)가 넘는 크기로 지구의 지름(대략 12,742㎞)과 맞먹는 수준이다.

다시 말하면, 처음 시작인 1㎝짜리 도미노가 99번째 쓰러질 때는 지구만 한 크기의 도미노를 쓰러트릴 수 있다는 말이다. 1㎝에서 2㎝로, 2㎝에서 4㎝로 조금씩 성장했을 뿐인데, 머지않아 지구를 쓰러트리는 도미노처럼 우리도 하루에 딱 1㎝, 2㎝처럼 조금씩

이라도 성장하면 된다. 어제보다 오늘 조금 더 성장하는 일이 머지않아 지구를 쓰러트릴 수도 있을 정도로 엄청난 힘이 된다는 사실을 잊지 말고, 오늘 하루 성장하는 일을 간과하거나 게을리해서는 안 된다.

오늘 하루의 작은 변화나 성장이 모이고 쌓여서 우리 인생 전체를 바꿀 만한 큰 성과가 된다. 그러니 어제보다 나은 오늘을 만드는 것에 집중하고 노력해야 한다. 한 번에 얼마만큼 큰 변화로 성장하느냐보다 중요한 것은 얼마나 꾸준히, 지속적으로 성장하느냐이다.

내가 영업을 할 때 지난달보다 100만 원만이라도 더, 빌딩치기를 할 때 어제보다 한 군데만이라도 더, 운동을 할 때도 어제보다 1개만 더, 마라톤을 할 때도 지난번보다 1초만 더, 늘 어제보다 1개만 더 하는 것에 의의를 두고 비교하며 성장해왔던 이유도 오늘의 '1만큼'이 언젠가 지구를 쓰러트릴 만큼 큰 힘이 될 것이라고 믿었기 때문이다.

아인슈타인이 남긴 명언 중에 내가 좋아하는 말이 있다. '어제와 똑같이 살면서 다른 내일을 기대하는 것은 정신병 초기 증세이다.' 어제나 오늘이나 다를 바 없이 똑같은 삶을 살면서 다른 결과를 바라는 것은 말도 안 된다. 매일 똑같은 행동, 똑같은 생각, 똑같은 방식으로 제자리에 머무르는 삶을 살면서 내일은 더 나은 하루가 되길 바라는 것처럼 어리석은 일도 없다.

늘 같은 생각과 행동을 반복하면, 당연히 그 결과도 예상할 수 있는 정도일 뿐이다. 자신의 삶을 변화시키기 위해서는 먼저 변화를 위한 행동이 필요하고, 그 행동으로 성장해 나가야만 한다.

어제보다 조금 더 나은 오늘을 만들기 위해 삶에 대한 책임과 열정을 갖고 성장을 위한 노력을 하는 사람이 되길 바란다. 우리는 끊임없이 다양한 경험을 쌓아가며 새로운 가능성과 기회들을 찾아 나서야 한다. 그렇게 했을 때 우리는 삶이 단조롭고 지루한 것이 아니라, 매 순간이 새롭고 가치 있음을 느낄 수 있다.

내가 넘어서야 할 대상은 바로 나 자신

우리는 한계에 부딪혔을 때 '어렵다'거나 '나는 못 해'라는 생각을 하게 된다. 이러한 부정적인 생각이 들 때 자신의 한계를 설정해버리고 포기한 채 그 한계 내에 머물러서는 안 된다. 한계를 넘어서지 못하면 성장과 발전은 없이 우리의 인생에서 많은 기회들을 놓치게 된다.

인생에서 매일 새로운 도전과 과제를 마주하게 되는 것은 당연한 일이다. 때로는 힘들고 어려운 일들의 연속으로만 채워질 수도 있다. 하지만 이러한 상황이 주어지더라도 굴복하거나 도망치지 않고 자신의 한계를 극복하고 넘어서려는 노력을 해야 한다.

그 과정에서 넘어지고, 떨어지고, 깨지고, 구르고, 다시 오르고, 그리고 또 떨어지기를 반복하겠지만 그 순간마다 얻게 되는 교훈으로 나를 더 단단하게 만들고, 또다시 도전해야 한다.

내가 넘어서야 할 대상은 결국 나뿐이다. 한계를 넘어서기 위해 노력하는 모든 과정에서 우리는 불가능하다고 생각했던 일들을 가능한 현실로 만들어나갈 수 있다.

내 안의 잠재력

내가 항상 스스로에게 거는 주문이 있다. '나는 무엇이든 될 수 있고, 무엇이든 할 수 있다'라는 말이다. 이 말은 내 안의 잠재력과 무한한 가능성을 꺼내어 준다.

사실 내가 아무리 용기 있는 사람이라고 해도 무언가를 시작하거나 도전할 때 모든 일이 쉽고 만만하게 느껴지거나 자신감이 넘치는 게 절대 아니다. 오히려 불가능해 보이는 일이라고 생각될 때가 많기 때문에 기대 없이 시작할 뿐이다.

그런데 자존감이 떨어지고 바닥을 치는 순간에는 뭐든지 어렵게만 느껴진다. 평소라면 시도했을 법한 일들도 선뜻 용기를 내지 못하고, 시도도 하지 않은 채 뒤돌아 포기해버린다. 이럴 때는 속으로 '어차피 해도 안 됐을 텐데, 뭐'라고 생각하기 때문에 딱히 후회가 남지도 않는다.

나도 자존감이 바닥을 쳐서 아무것도 할 수 없을 것 같다고 느낄 때가 있었다. 그래서 어떻게 하면 바닥난 자존감을 끌어올리고 회복할 수 있을지 그 방법을 찾아 헤맸다. 주변에 고민을 털어놓았더니 "너는 할 수 있어, 해봐!"라거나 "너라면 가능해"라며 확신에 찬 말들로 나를 북돋아 주었다. 심지어 책에서는 '온 우주가 당신을 응원합니다. 당신은 무엇이든지 할 수 있습니다.'라는 허무맹랑한 것 같은 말들도 늘어놓았다.

나만 빼고 온 세상이 된다고 하는데, 정작 나만 나를 부정하고 있었다. 이건 완벽히 다수결에서 지는 결과였다. 나는 다수결을 따르는 사람으로서 '그래? 그렇단 말이지. 지금 나만 빼고 다 내가 된다는 말이지?'라고 생각하기 시작했다.

그날부터 속으로 되뇌고 또 되뇌었다. '인간은 무한한 가능성을 가진 존재다. 인간은 생각보다 더 대단한 존재다. 인간은 무엇이든 할 수 있고, 무엇이든 될 수 있다. 그리고 나는 인간이다. 이미 확실한 성공을 거머쥔 사람들이 확신한다는 말이니까 믿어보자.'

내가 나를 믿지 못할 때 나는 이미 성공한 사람들의 말을 믿기로 했다. 이 주문을 외운 덕분에 나는 바닥난 자존감을 회복할 수 있었고, 이제 내가 대단한 존재임을 충분히 느끼고 있다.

지금 만약 자존감이 떨어져 있거나 내가 아무것도 아닌 존재처럼 느껴진다면, 내가 아닌 이미 성공을 거머쥔 다른 사람들의 말을 믿어보기로 하고, 주문을 외우자.

"나는 무엇이든 될 수 있고, 무엇이든 할 수 있는 아주 대단한 존재다."

〈누가 뭐래도 당신은 소중하다〉

사람의 가치는 어떤 환경에 처하느냐에 따라 달라진단다.
설령 하찮은 그림일지라도 누가 바라보느냐에 따라
그 가치가 달라진다는 거야.
무엇보다 중요한 사실은,
네가 스스로를 소중히 대할 때
비로소 네 인생의 가치도 올라가는 거야.
그것이 의미 있는 삶을 위한 첫걸음이 되겠지.

- 손힘찬의 《오늘은 이만 좀 쉴게요》 중에서

누가 바라보는가에 '나'도 포함되어 있다. 즉, 내가 가진 가치는 내가 나를 바라보는 시선에 따라 정의된다는 말이다. 내가 어떤 사람이 되고 싶은지, 어떤 삶을 살고 싶은지는 모두 나한테 달려있고, 나라는 사람 앞에 붙이는 수식어는 나만이 정할 수 있다. '나라는 사람'은 내가 바라보고 정의하는 대로 완성됨을 잊지 말자. 내가 가진 특별한 가치를 있는 그대로 받아들이는 자세가 필요하다.

Q&A

- 어제보다 나은 오늘이 되기 위해 지금 해야 할 일은?
- 자존감을 올리기 위한 나만의 주문은?
- 나라는 사람 앞에 붙이고 싶은 수식어는?

당신의 삶을 디자인하라(Design your Life)

나는 내가 원하는 모습으로 살아간다

내가 내 인생의 물살을 바꾸던 그 순간, 나는 내가 살아온 인생에서 가장 행복함을 느꼈다. 그때 내가 느꼈던 행복은 이전까지 경험해 본 적 없던 감정이다. 물살을 바꾸는 일이 쉽지만은 않았다. 잘 가고 있는 줄로만 알았던 길을 중간에 벗어나는 것 같은 기분이었다. 나이아가라 폭포에 등 떠밀려 가고 있다는 사실을 알면서도 용기를 내 행동하는 일이 어렵기도 했다. 퇴사라는 배수의 진을 칠 때에도 불확실한 미래 때문에 불안하기도 했고, 두렵기도 했다. 하지만 한 가지 확실하고 분명했던 것은 지금 내가 원하지 않는 구겨진 모습으로 사느라 매우 괴롭다는 것이었다.

그리고 마침내 인생의 물살을 바꾸기로 마음먹고 방향키를 쥐어 든 순간, 주저하지 않고 거센 물살들을 마구 저어 나갔다. 급히 떠내려가던 중에 맞닥뜨린 물살은 나를 밀어낼 만큼 강했지만 포기하지 않았고 결국은 내가 원하는 방향으로 물살을 바꾸었다.

그때부터는 내 안에 뜨거운 열정이 느껴졌다. 그 어느 때보다도 살아있는 느낌이었다. 그렇게 열심히 노를 저어가며 땀 흘리는 모습이 내가 생각한 나의 최고의 모습이고, 내가 원하는 모습이었다. 나만의 기준을 갖고 어느 누구와도 비교하지 않고 나만의 목표를 위해 나아가며, 내 안에 가진 열정을 생생히 느끼면서 하루하루 성장하는 삶이 내가 진정으로 원하는 삶이었다. 또 어제보다 나은 오늘을 위해 노력하고, 내가 가진 잠재력과 무한한 가능성을 발휘해내는 일은 나를 행복하게 만든다.

내가 사랑하는 삶을 살아라

"love the life you live, live the life you love(당신이 살고 있는 인생을 사랑하고, 당신이 사랑하는 인생을 살아라)."

레게의 거장, 밥 말리가 남긴 명언이다. 이 말을 알게 된 뒤로 수년째 내 핸드폰과 SNS, 그리고 책상에 써두고 매일같이 따라 읽는다. 내가 원하는 인생의 가치관을 한 문장으로 만들어낸 말이다.

결국 모든 사람들은 누구나 다 행복해지길 원한다. 그 기준이 돈이든, 건강이든, 자유든, 가족이든 결국은 행복해지기 위함이다. 그중에 가장 행복하게 사는 방법은 내가 원하는 일을 하는 것이다. 내 열정이 향하는 일, 내 가슴이 뛰는 일, 기뻐서 눈물 흘릴 수 있는 일을 하는 것이 나를 가장 행복한 사람으로 만들어 준다.

지금 당장 행복해지고 싶다면 하고 싶은 일을 시작하라. 그것만큼 큰 행복을 가져다주는 일도 없다.

우리는 모두 리미티드 에디션이다

우리는 모두 태어날 때부터 서로 다른 DNA를 가지고 태어난다. 나라는 사람은 태어나는 순간부터 남들과는 다른 특별한 한정판 존재라는 사실을 잊지 말아야 한다. 이 세상에 나랑 같은 사람은 어디에도 없고, 단 하나뿐인 유일무이한 존재이므로 내가 가진 개성을 존중하고 가치 있게 바라보며, 당당하고 자신 있게 드러내야 한다.

지구상에 국가, 언어, 문화, 성격, 가치관 등 모든 면에서 서로 다른 약 80억 명의 인구가 있고 그들은 모두 자신만의 한정판 인생을 살고 있는 셈이다. 결국 이 세상의 모든 사람들은 서로 다른 존재들이며, 서로 다른 특별함이 어우러져 우리의 삶을 더욱 풍요롭게 만들어 준다. 모두가 특별한 한정판이기에 이 세상에 존재하는 의미를 더욱 깊이 느낄 수 있다. 나의 특별한 한정판 인생을 어떤 무기를 가지고 살아갈지 충분히 고민해보았으면 좋겠다.

Q&A

- 내가 원하는 삶은 어떤 삶인가?
- 나는 무슨 일을 할 때 가장 큰 행복감을 느끼는가?
- 나를 행복하게 만드는 3가지 요소는 무엇인가?

북큐레이션 • 당신의 일상을 새롭게 바꿀 라온북 추천 실용도서

《뻔한 MZ 말고 편한 MZ 되기》와 읽으면 좋은 책. 당신의 삶과 일상의 리듬에 열정과 위로를 불어넣을 라온북의 도서를 소개합니다.

슈가 데이

김은영 지음 | 12,000원

“오늘 모모 베이커리에는 어떤 손님들이 다녀갔을까?”
골목 끝, 작은 빵집 ‘모모’로 하나 둘 모여든 달콤한 이야기들

케이크를 주문하러 ‘모모’를 찾은 평범한 이웃들의 가장 특별하고 달콤한 20가지 사연들을 엮어 소개하는 요리에세이. 영국에 있어 엄마의 생일을 챙기지 못해 발을 동동 구르는 막내딸의 이야기부터, 평생 야구밖에 모르던 아들의 은퇴를 맞아 위로를 전하고픈 엄마의 이야기, 부모님의 리마인드 웨딩을 위해 비밀 프로젝트를 꾸미고 있는 남매의 이야기까지, 특별한 하루를 더 특별히 추억하고픈 이들의 마음이 케이크에 담기는 과정을 침이 고이는 달달한 문체로 전한다.

2017 돈 버는 가계부

최미영 지음 | 13,200원

‘곁뿌리 가계부’로 매일 지출을 기록하여 잔지출을 줄이고,
‘원뿌리 가계부’로 큰돈이 모이게 한다!

『돈 버는 가계부』에서 저자는 지하 단칸방에서 50억 자산을 만든 과정의 핵심은 고정지출을 설계하는 원뿌리, 변동지출을 줄이는 곁뿌리 가계부였음을 공개하고, 그동안 금전 관리의 도구였던 가계부의 개념을 돈을 벌어들이는 도구로 새롭게 정의했다. 소비패턴을 파악하는 것은 물론, 생애 주기별 목적자금을 만들기 위해 지출을 통제하고 돈을 모으게 하는 ‘재무설계형’ 가계부 쓰기를 시작하여 경제적인 어려움을 겪는 가정이 사라졌으면 하는 바람으로 숨겨두었던 가계부를 세상에 내놓는다.

나를 살리는 마음 훈련법

김영애 지음 | 16,800원

땅속 깊이 뿌리 내린 나무처럼 흔들리지 않는 내면으로 살아가기
상처받기 쉬운 내 영혼을 튼튼하게 가꾸는 법!

우리 모두 세상사를 헤쳐 나오며 알게 모르게 마음 어딘가에 훈장처럼, 혹은 흉터처럼, 화해해야 할 응어리 하나쯤을 나무의 옹이마냥 안고 살아가는 사람들일지도 모른다. 그리고 이 책 《나를 살리는 마음 훈련법》은 이런 우리의 여리고 고달픈 마음을 직시하고, 들여다보며, 잘 풀어내고 훈련하여 더 나은 행복한 삶으로 나아가는 길을 보여주고 있다. 마음의 근육을 길러 상처받는 일을 줄이고, 외부 세계로 나의 능력을 더욱 확장하는 방법을 이 책에서는 적극적으로 알려주고 있다.

일류 아빠의 생각

손재환 지음 | 15,000원

MZ세대 고민 상담 처방전!
삶이 막막할 때 꺼내 읽는 아버지의 인생 편지

《일류 아빠의 생각》은 책 속에서 변하지 않는 삶의 길을 보여준다. 극심한 가난과 신체적 장애를 짊어진 채, 온몸으로 발버둥치며 살아오면서 성공하기까지, 몸소 체득한 인생의 지혜를 고스란히 담아내었기에 저자의 가르침은 더욱 생생하고 믿음직하다. '어른 됨', '일', '관계', '돈', '인생' 총 5개의 굵직한 주제 안에 사회 초년생들이 궁금증을 가질 만한 여러 문제에 대한 저자 나름의 해답을 편지 형식으로 담아냈다. 아버지의 마음으로 써 내려간 편지 속 이야기들이 급변하는 시대, 올바른 인생의 길을 찾아 헤매는 이들에게 든든한 나침반이 되어줄 것이다.